JN233621

歴史的にみた
プレストレストコンクリート
建築と技術

社団法人　プレストレストコンクリート技術協会　編

技報堂出版

巻頭言

　日本におけるプレストレストコンクリート技術の導入は，1932（昭和7）年のフレシネーによる日本でのPC特許取得にさかのぼる。その後，1941（昭和16）年に運輸省鉄道技術研究所が鋼弦コンクリート委員会を設置し，日本でのPC技術の研究が始まった。建築構造物への利用は1951年の小松市役所地下室の床版に使用されたプレテンションPC床版が最初とされ，これ以降，多くのPC建築が計画・施工され，PC技術は飛躍的に進歩することとなる。しかし，PC構造に関する告示が公布され，設計・施工の指標となる日本建築学会の設計施工規準が整備されるのは1961年以降であり，初のPC建築への使用から10年間は，まさに手探りの状態であった。しかし，その後の技術開発とそれを支える学術の進歩には目を見張るものがあり，特に耐震設計に関してわが国は世界をリードする立場にある（旧FIPの耐震委員会の委員長は，日本人によって歴任された）。1995年の阪神淡路大震災では，最も大きな被害を受けた地域に多数のPC建物があったにもかかわらず，ほとんどのものが無被害であったことより，わが国のPC建物耐震設計技術は世界に誇れるレベルにある。このように，安全で安心な空間を提供できるPC建物は，戦後復興期，オイルショック，第一次および第二次高度成長期，更には，バブルの崩壊といった大きな社会変化を経験する中で，社会資本形成に大きな役割を果たしてきた。最近では，その高い空間創造性や優れた復元性を性能設計に取り入れるべく，学術・技術の更なる振興が，(社)プレストレストコンクリート技術協会や(社)日本建築学会等の学術諸団体で推進されている。

　このような背景を踏まえ，わが国へのPC技術の導入から70年，建築への初の使用からも半世紀が経過した今，偉大な先人たちの開拓精神と努力に敬意を払うと共に，20世紀に大いなる発展をとげたPC建築の歩みを総括し，今後のPC建築発展の基礎資料として本書を出版することとした。

　本書に，記載された内容は(社)プレストレストコンクリート技術協会からの定期刊行誌「プレストレストコンクリート」と旧国鉄の鉄道建築協会編の「PC建築設計施工例」に記載された記事を中心に，今回新たに加筆したものを含め，全54件のPC建築の概要を紹介しており，今後のPC建築発展の手助けになれば幸いである。

2002年10月

プレストレストコンクリート技術協会　副会長
京都大学工学研究科　教授
渡邉　史夫

「歴史的にみたプレストレストコンクリート建築と技術」編集委員会

委員長

渡邉　史夫　　京都大学工学研究科 教授・プレストレストコンクリート技術協会 副会長

委　員

池永　博威	千葉工業大学
石崎　一三	石崎構造設計(株)
石原　和男	(株)石本建築事務所
内田　龍一郎	松井建設(株)
岡本　隆之祐	(株)山下設計
小口　登史樹	清水建設(株)
河原　孝	オリエンタル建設(株)
北山　直身	(有)設計直一級建築士事務所
國弘　仁	(株)東京建築研究所
倉持　春夫	ドーピー建設工業(株)
桑　素彦	戸田建設(株)
小林　利和	(株)日本設計
小室　努	大成建設(株)
菅田　昌宏	(株)竹中工務店
角南　博康	(株)フジタ
竹下　修	(株)富士ピーエス三菱
竹山　博史	日本カイザー(株)
田辺　恵三	黒沢建設(株)
塙　亨	戸田建設(株)
浜原　正行	日本大学
早野　裕次郎	(株)山下設計
傅　金華	(株)ピーエス三菱
八木沼　宏己	ドーピー建設工業(株)
山下　淳一	(株)日本設計
山田　晶一	(株)NTTファシリティーズ
吉田　宏一	東日本旅客鉄道(株)
渡辺　健	(株)日建設計

(五十音順，所属は 2002 年 10 月現在)

■本書は，(社)日本建築学会関東支部 PC 構造専門研究委員会が中心となり，日本における PC 建築技術の変遷を広く一般の読者に紹介するために(社)プレストレストコンクリート技術協会がまとめたものです。

目　次

第1章　日本におけるプレストレストコンクリート技術年表 ―― 1

第2章　20世紀のプレストレストコンクリート建築の紹介 ―― 5

 1　浜松町駅旅客ホーム上家 ―― 6
 2　新宿信号所 ―― 8
 3　三鷹航空技術研究所遷音速風洞上家工事 ―― 10
 4　大井工場塗装職場 ―― 12
 5　鉄道技術研究所ボイラー室 ―― 14
 6　鉄道技術研究所実験棟 ―― 16
 7　オリエンタルコンクリート社屋 ―― 18
 8　三愛ビル ―― 20
 9　大井工場食堂 ―― 22
 10　埼玉農林会館 ―― 24
 11　国鉄勝田電車庫 ―― 26
 12　国際基督教大学基礎理学本館 ―― 28
 13　千葉県立中央図書館 ―― 30
 14　平和島競艇場第三スタンド ―― 32
 15　岩手県営体育館 ―― 34
 16　栃木県庁議会棟 ―― 36
 17　中央鉄道病院（JR東京総合病院） ―― 38
 18　津市民プール上屋 ―― 40
 19　福岡歯科大学 ―― 42
 20　近畿郵政局資材部倉庫 ―― 44
 21　三井銀行豊中支店 ―― 46
 22　京都競馬場新スタンド ―― 48
 23　一宮地方総合卸売市場 ―― 50
 24　出雲大社新神楽殿 ―― 52
 25　滝根勤労者体育センター ―― 54
 26　東京三郷浄水場 ―― 56
 27　小松物産本社ビル ―― 58
 28　東京・関東郵政局資材部倉庫 ―― 60
 29　住友電気工業伊丹製作所事務棟 ―― 62
 30　東北工業大学7号館 ―― 64

31	横浜市北部工場余熱利用施設	66
32	松山市総合コミュニティセンター（体育館）	68
33	つくばエキスポセンター	70
34	志布志運動公園総合体育館	72
35	福島県あずま総合運動公園野球場	74
36	新長崎魚港卸売市場	76
37	大阪市長居公園球技場	78
38	松山市総合コミュニティセンター（プラザ屋根）	80
39	東京都中央卸売市場大田市場立体駐車場	82
40	谷津パークタウン参番街立体駐車場	84
41	和泉市立コミュニティーセンター体育館	86
42	多磨霊園納骨堂	88
43	東京貨物ターミナル駅複合施設	90
44	千葉センシティパークプラザ駐車場	92
45	ワールド流通センター	94
46	サカタのタネ本社ビル	96
47	マリンメッセ福岡	98
48	冬季長野オリンピック開閉会式会場	100
49	都営住宅北青山1丁目計画（A棟）	102
50	大阪市中央体育館メインアリーナ	104
51	こまつドーム	106
52	横浜国際総合競技場	108
53	埼玉県立大学	110
54	東京スタジアム	112

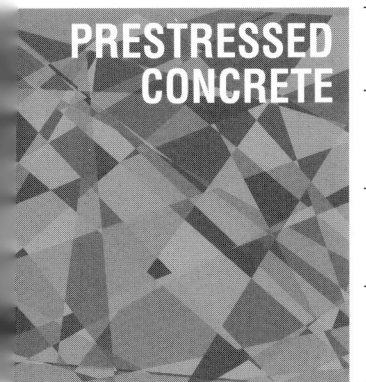

第1章
日本における
プレストレストコンクリート
技術年表

PRESTRESSED CONCRETE

＊印は，本文にて紹介している建築物

年　次	PC構造物	PC技術・法令・基準等	震災・社会情勢等
1932（昭7）		・フレシネーが日本でPCの基本特許取得	・上海事変　満州国建設
1951（昭26）	・小松市市庁舎地下室床版（PCの建築物適用，国内第一号） ・国鉄PCマクラギ発注 ・長生橋（プレテンション橋） ・東京駅ホーム（ポストテンション桁）	・マニュエル工法（ベルギー）導入 ・PCマクラギ試作	・対日講和条約調印 ・日米安全保障条約調印
1952（昭27）		・フレシネー工法（フランス）導入	
1953（昭28）	・東十郷橋（フレシネー工法の国内第一号）		・国際プレストレストコンクリート連盟（FIP）設立
1954（昭29）	・信楽線第一大戸川橋梁（鉄道橋の国内第一号） ＊浜松町駅上屋（プレキャストPC建築の国内第一号）	・プレストレストコンクリート設計施工指針（土木学会） ・安部ストランド工法開発	
1955（昭30）			・日本住宅公団設立
1956（昭31）		・PCに関するフレシネーの日本特許終了	・日本道路公団設立
1957（昭32）	・南淡町庁舎（重層不静定建築の国内第一号） ・阪急電鉄営業線（アンボンドPCマクラギ） ・岐阜県伊自良村（初のPCタンク）	・B.B.R.V工法（スイス）導入	・南極観測隊，昭和基地の誕生
1958（昭33）	・PC舗装の国内第一号（大阪市） ＊新宿信号所（プレキャストPC造）	・鋼棒使用PC設計施工指針（日本材料試験協会）終局強度設計法の採用 ・ディビダーグ工法（ドイツ）導入	・世界PC学会（サンフランシスコ） ・プレストレストコンクリート技術協会発足 ・関門トンネル開通 ・東京タワー完成
1959（昭34）	＊国鉄大井工場塗装職場（プレキャストPCタイドアーチトラス） ・護岸被災箇所の復旧（アンボンドPC矢板） ・嵐山橋（ディビダーグ工法） ＊三鷹航空技術研究所せん音速風洞 ＊鉄道技術研究所ボイラー室（プレキャストPC造）	・レオンハルト工法（ドイツ）導入	・伊勢湾台風
1960（昭35）	＊オリエンタルコンクリート社屋（全プレキャストPCラーメン建築） ・航空宇宙技研遷音速風洞上屋（PCアーチ） ・吉井川橋（レオンハルト工法） ＊鉄道技術研究所実験棟	・建設省告示223号（高さ16m以下のPC構造が可能） ・プレロード工法（アメリカ）導入	・日米安保闘争
1961（昭36）	＊国鉄勝田電車庫（PC円筒シェル屋根） ・小野田セメント堺サービスステーション（国内初のPCサイロ）	・プレストレストコンクリート設計施工規準（建築学会） ・レオバ工法（ドイツ）導入	
1962（昭37）	＊埼玉農林会館（現場打ち一体式PCの国内第一号） ＊三愛ビル（PCリフトスラブ） 国鉄大井工場食堂（PC折板屋根）		・若戸大橋開通 ・北陸トンネル開通
1964（昭39）		・DT版のJIS規格化	・新潟地震 ・東京オリンピック ・ボーリング人気 ・東海道新幹線開通
1965（昭40）		・PC矢板のJIS規格化 ・国産のPC定着具開発 ・OBC工法開発	・地震保険法公布
1966（昭41）		・PC鉄道橋設計施工基準（国鉄）	・霞ヶ関ビル竣工

年次	PC構造物	PC技術・法令・基準等	震災・社会情勢等
1967(昭42)	＊国際キリスト教大学基礎理学本館（プレキャストPC格子梁の国内第一号）		
1968(昭43)	＊千葉県立中央図書館（プレグリッドシステム） ＊平和島競艇場第三スタンド（場所打ちPC片持ち梁） ＊岩手県営体育館（吊屋根構造） ・PCのPS型中層住宅の実験（建設省建築研究所） ・国内初の斜張橋（万博会場内）	・VSL工法（スイス）導入 ・SEEE工法（フランス）導入 ・PC道路橋示方書（道路協会）	・十勝沖地震
1969(昭44)	＊栃木県庁議会棟		
1970(昭45)	＊中央鉄道病院	・CCL工法（イギリス）導入	・大阪万国博覧会
1971(昭46)			・沖縄返還協定調印 ・ドルショック
1972(昭47)			・冬季札幌オリンピック
1973(昭48)	・郵政省大阪倉庫（国内初のPCフラットスラブ構造） ＊津市民プール上家（現場打ちPC造格子梁） ・浜名大橋（世界最大スパンのPC橋）	・建設省告示949号（PC構造の高さ制限撤廃、荷重係数の低減）	・第一次石油ショック
1975(昭50)		・プレストレストコンクリート設計施工規準（建築学会）の大改訂（アンボンド工法の導入）	・沖縄海洋博覧会 ・山陽新幹線開通
1976(昭51)	・名古屋市山崎下水処理所汚泥消化タンク（PC消化タンクの国内第一号）		
1978(昭53)		・プレストレストコンクリート標準示方書（土木学会） ・水道用プレストレストコンクリートタンク標準仕様書（PC建設業協会）	・宮城県沖地震 ・日中平和条約締結
1979(昭54)	＊福岡歯科大学（PC高層建築）		・第二次石油ショック
1980(昭55)	＊近畿郵政局資材部倉庫（アンボンドPCケーブル使用） ＊三井銀行豊中支店（アンボンドPRC建築） ＊京都競馬場スタンド		
1981(昭56)	＊一宮地方総合卸売市場 ＊出雲大社新神楽殿	・新耐震設計法施行	・ポートピア81
1982(昭57)	＊滝根勤労者体育センター（PCトラス） ＊東京三郷浄水場（プレキャストSPC合成工法） ＊小松物産本社ビル（場所打ちPCとアースアンカー）		
1983(昭58)	＊東北工業大学7号館（プレキャストPCトラスによる耐震） ＊住友電気工業伊丹製作所	・建設省告示1320号（PC造の二次設計）	・日本海中部地震 ・東京ディズニーランドオープン
1984(昭59)	＊横浜市北部工場余熱利用施設 ＊松山市総合コミュニティセンター体育館		
1985(昭60)	＊つくばエキスポセンター（プレキャストPCドーム） ・国際科学技術博覧会国連平和館（プレキャストPCドーム） ＊志布市運動公園総合体育館（スパン67.5mの場所打ちPC梁）		・つくば科学万博

年次	PC構造物	PC技術・法令・基準等	震災・社会情勢等
1986（昭61）	＊福島県あずま運動公園野球場（プレキャストPC造） ＊新長崎漁港卸売市場 ＊大阪市長居公園球技場（プレキャストPC段床版）	・プレストレスト鉄筋コンクリート（Ⅲ種PC）構造設計施工規準（建築学会）	・三宅島大噴火
1987（昭62）	＊松山市総合コミュニティセンタープラザ屋根（プレキャスト格子梁） ・警視庁射撃場（スパン40mの場所打ちPC梁）	・プレストレストコンクリート設計施工規準（建築学会）の小改訂	・国鉄の民営化
1988（昭63）	＊東京都太田市場立体駐車場		・青函トンネル開通
1989（平元）	＊谷津パークタウン（PC立体駐車場システムの提案） ＊東京・関東郵政局資材部倉庫（PRC造による多層倉庫）		
1990（平2）	＊和泉市立コミュニティ体育館		・東ドイツと西ドイツの統一
1991（平3）			・ソ連が消滅 ・雲仙普賢岳の火砕流
1992（平4）	＊多磨霊園納骨堂（有開口逆円錐プレキャストPCシェル） ＊東京貨物ターミナル ＊センシティパークプラザ		
1993（平5）	＊ワールド流通センター		・北海道南西沖地震
1994（平6）		・プレストレストコンクリート合成床版設計施工規準（建築学会）	
1995（平7）			・兵庫県南部地震
1996（平8）	＊冬季長野オリンピック開閉会場		
1997（平9）	＊大阪市中央体育館メインアリーナ ＊小松ドーム ＊横浜国際総合競技場		
1998（平10）		・建築基準法の一部改正（性能規定化） ・プレストレストコンクリート設計施工規準（建築学会）のSI単位化	・冬季長野オリンピック
1999（平11）	＊埼玉県立大学		・台湾大地震 ・トルコ地震
2000（平12）	＊東京スタジアム		

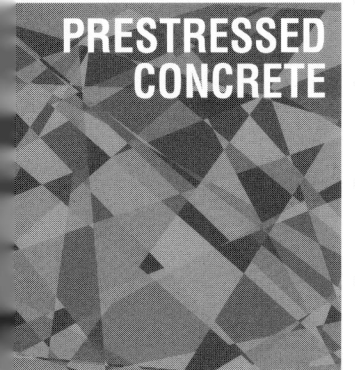

第2章
20世紀の
プレストレストコンクリート
建築の紹介

PRESTRESSED CONCRETE

001 浜松町駅旅客ホーム上家

- プレキャストPC架構の第1号
- 1954年竣工

1．はじめに

浜松町駅の旅客ホームの建設が計画された1953年当時は，プレストレストコンクリートの技術が，わが国に導入されて間もないころである。土木構造物では，東京駅の高架橋の梁，上野駅の高架ホームのスラブ，信楽線の大戸川橋梁，枕木や道路橋などに試験的に用いられていた。建築関係では，壁パネル，床版などに一部使用されている程度で，建築の架構としてはほとんど利用されていない状態であった。当時，新設される旅客上家はほとんど，鉄骨造スレートぶきが主であったが，検討の結果，次のような理由でPC構造を試験的に採用した。

① 浜松町は海岸に近く汐風が強いので，鉄骨が錆びやすく，保守上PCの方が優れている。
② 重量の点では，PC造は鉄骨造に比べて約2.5倍程度重く，現場での建方はやや難しくなるが浜松町の場合は部材の搬入が容易であることや，営業中のホームでないため，施工に大きな支障をきたさない。
③ 施工工期は，鉄骨の入手に要する期間だけ鉄骨造の方が長くかかる。
④ 工事費はほぼ同じである。
⑤ 外観上，PC造の方がシンプルである。

2．工事概要

建物名称：浜松町駅旅客ホーム上家
所 在 地：東京都港区浜松町駅構内
発 注 者：日本国有鉄道
用 途：旅客ホーム上家
設計監理：国鉄東京工事局建築課
施 工：淺沼組
PC施工：興和コンクリート
構造規模：PC造平屋
延床面積：780 m²
工 期：1953年12月～1954年3月（4カ月）

3．構造概要

架構はT型フレームで，柱間隔は8mである。PC造の柱の上に線路と直角にPC梁をのせてポストテンションで締結し，この架構の梁の両端と中央に桁梁を設けて，この間にPC屋根版をかけわたした。

写真-1　駅構内

写真-2　屋根

両側の桁梁および中央の桁梁はみぞ形鋼とした。
　この工法は，桁行き方向にPC梁を用いないため，① 施工が容易で，プレストレス導入に伴う2次応力の問題がない。② 屋根版は，リブを上方に向けて並べるため下端の見映えが良く，かつ防水が容易である。③ 部材の種類が少なく，製作・施工とも容易である。④ 温度変化に対する桁行き方向のエキスパンションジョイントが取り易いなどの利点がある。
　荷重条件を以下に示すが，風荷重および床荷重については，一般の建物より大きく設定し，安全度を加えた。

風荷重：風上側上向　$0.8q = 96\,kgf/m^2$
　　　　風下側下向　$0.4q = 48\,kgf/m^2$
雪荷重：$100\,kgf/m^2$
地震荷重：$k = 0.2$

使用したコンクリート強度は，PC部分は$F_c = 400\,kgf/cm^2$，RC部分は$F_c = 150\,kgf/cm^2$である。
柱は，45cm角，長さ4m，柱脚部には厚25mm，

65cm角のベースプレートがφ25のアンカー鉄筋8本によって取り付けられている。柱の中心部には径15cmのガス管の竪樋が埋め込んである。4隅に亜鉛鍍鉄板製のシースを配し，それぞれにPC鋼線12-φ5を入れて，フレシネコーンを用いポストテンション法により，梁とともに締め付けてプレストレスを導入した。

PC梁は，上端をほぼ水平にし，下端は屋根の勾配に合せ，せいは中央で50cm，両端で17cm，幅は30cmとし，2.9mmの鋼線2本より34組を用いてプレテンション工法により工場で製作した。桁梁は，200×90×8のみぞ形鋼を用い，3スパンごとにエキスパンションジョイントを設け，中央2本の桁梁の間には陸樋を設けた。

屋根版は幅50cm，長さ3.1～3.7m，厚2.5cm，リブの高さ7.5cmのみぞ形のPC版を用いた。版は2.9mmのPC鋼線10本でプレストレスが加えられている。版の下端は，梁の下端にそろえて天井面がフラットになるようにした。

4．施工概要

PC部材はすべて工場製作である。柱の型枠は厚さ6mmのL字型断面で，長さ4mのもの2枚をボルトで組み合せ，これを縦にして上からコンクリート打ちをした。これは柱の4面を同じようなコンクリート打ち放し仕上げ面とするためで，工場敷地に深さ3.5mの穴を掘り，この中に型枠を立ててコンクリートを打設した。

梁は，檜板製で厚さ3cmの型枠を用い，屋根版は長さ50mのプレテン用アバットの上に，リブの部分には木製型枠を置き，所定の長さにせき板を入れてコンクリートを打ち，3日間蒸気養生を行った後プレストレスを加えた。

工場から現場までの運搬は，工場で貨車積みしたものをそのまま現場のホームに直接運搬し，2本子を用いて取り下ろした。建て方は，2本子と手回しウィンチ1台を用いて行った。まず，現場打ちRC造の基礎の上にPC造の柱を立て，アンカーボルトで固定し，つぎに梁を柱の上に乗せ，4本のケーブルで締結しながら柱にプレストレスを加えた。

5．おわりに

浜松町のホーム上家が，国鉄で最初のPC造の建築として竣工して以来，40年以上が経過し，その後いろいろな建築物にPC構造が利用されてきた。しかし，旅客ホーム上家として利用された例は，この浜松町以降みられない。

この理由は，PC構造は重量が重くなるため，高架橋の上に建てる上家には不利であること，曲線を有するホームでは屋根版，梁材など部材の統一が難しいことなどがあげられる。

◎出　典
1)「PC建築設計施工例－国鉄における10年の歩み－」，鉄道建築協会編，彰国社，1964．

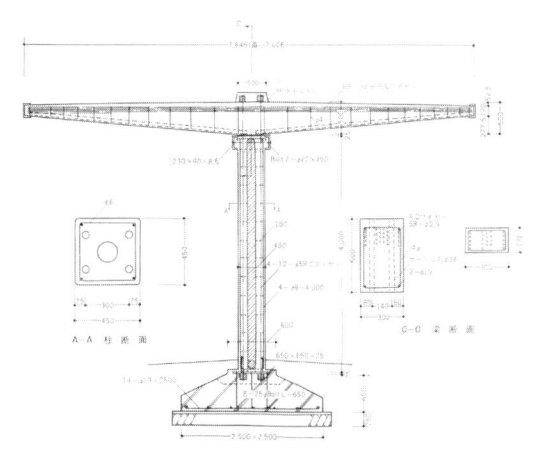

図-1　構造詳細

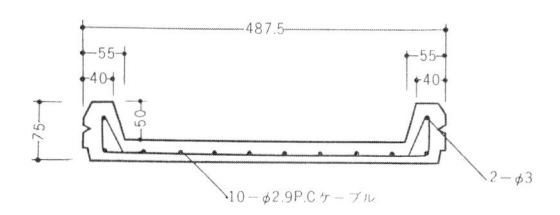

図-2　屋根版断面図

写真-3　梁架設

002 新宿信号所

● プレキャスト PC 造で初めての 3 層ラーメン構造
● 1956 年竣工

1．はじめに

　鉄道特有の建物のうち，線路に至近の距離に建つ建物として信号所がある．ここは，線路のポイントの切り替え作業を行う場所で，そのためできるだけ線路やホームの見通しの良い場所を選んで建てられる関係から一般に線路と線路の間か，線路のそばに建てられる．新宿駅北部に建つ本信号所も，前後に中央線の列車が走っており，その狭隘な敷地に，限界いっぱいに建てることが要求された．　また，将来のホームの延伸と列車の見通しを考えて，1階はピロティとして，2階に信号扱い室と休養室その他を設け，3階に機械室を設けた．建物は，列車や電車の往来の激しい狭隘な場所で施工する関係から，現場作業をできるだけ簡易にするため，わが国において初めてPC構造による3層ラーメンを実施した．
　なお，PC鋼棒もこの建物で初めて使用された．

2．工事概要

　　建物名称：新宿信号所
　　所 在 地：新宿駅構内
　　発 注 者：日本国有鉄道
　　用　　途：信号所
　　設計監理：国鉄東京工事局建築課
　　施　　工：野村工事
　　PC 施工：興和コンクリート
　　構造規模：PC 造 3 階
　　延床面積：133 m^2
　　工　　期：1956 年 2 月〜6 月（5 カ月，内 2 カ月施工中断）

3．構造概要

　基礎は RC 造現場打ちとし，柱梁はポストテンション方式の PC 構造で工場製作の現場組立方式とし，床はプレテンションの PC リブ付スラブを用い，屋根は木造小屋組で亜鉛鍍鉄板を瓦棒ぶきとし，外壁は木造軸組石綿大平板張りとした．柱間隔は，張間 3 m×1 スパン，桁行 4 m×2 スパンで，3 階機械室では中央の柱を抜いて 8 m×1 スパンとした．1 階柱脚は鋼板のベースプレート（厚 22 mm）をアンカーボルト 8-φ22 にて RC 造基礎にアンカーし，2 階の桁梁と張間方向の梁を1階柱の頭部において PC 鋼棒を

写真-1　全景

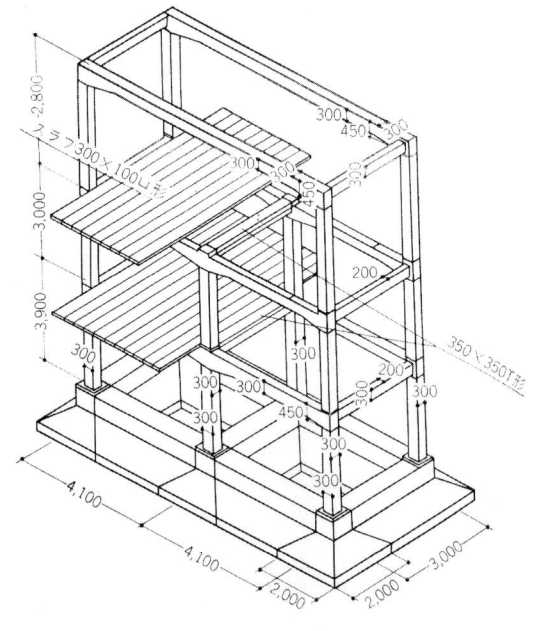

図-1　軸組

用いて締付けて一体とし，つぎに柱のPC鋼棒を桁梁の上で締付けて1階のラーメンを固めた。柱のPC鋼棒は，カップラーを用いて延伸し，逐次同様にして2階，3階のラーメンを組立てる方法とした。

床は，幅30cmの溝型とし，リブを上面として桁梁の上にのせ，両端はキャンティレバーとした。床版の下面には石綿厚20mmを吹き付け耐火性を増した。

4．施工概要

PC部材の製作はすべて工場において行われた。コンクリートの圧縮強度は柱梁が400kgf/cm^2，床版が500kgf/cm^2，スランプはいずれも0～2cm，水セメント比はいずれも35％である。使用PC鋼棒は，φ19，φ22，φ25である。

柱梁の型枠は桧またはつがが板厚30mmおよび角材で製作し，板は下部を鉄板とし側面は角材を用いた。柱梁は，コンクリート打設後4日間養生したのち脱型した。

部材の搬入は，工場から現場まで貨車を用いて，建て方の工程に合せ4回に分け，列車間合のもっとも長い12時40分～14時30分の1時間50分（当時）を利用して取り卸しを行った。1回の取り卸しに要した出面は約10人であった。

建方には手動ウィンチ，ジンポールおよび二又を使用した。建方の順序は，RC造の基礎に埋め込まれているアンカーボルトの上下2個ナットのうち，下のナットを所定の高さに調整し，この上に柱脚のベースプレートをのせ，建て入れを直して上のナットを締める。次に2階桁梁を柱頭部にのせ，高さおよび水平を堅木のくさびを用いて正し，目地モルタルを施す。そして張間の梁を所定の位置に取付けて目地モルタルを施し，その硬化後にまず張間方向の鋼棒を緊張した後，柱の鋼棒を柱頭から緊張して1階部分の組立てを終る。シース内のグラウトはコンプレッサーを使用して行い，アンカープレートの下にはモルタルを充填した。1階柱の頂部においてカップラーを用いて鋼棒を接合し，1階と同様な方法で2階以上の組立てを行った。

建方に要した日数は，柱梁の建方と目地モルタル詰め，プレストレスの導入，グラウチングの1工程で各階それぞれ5日間を要し，2階および3階床の建入れと目地モルタル施工に4日間を要した。建方の実働日数は19日間で，この間の1日の平均出面は9人，累計で180人を要した。

5．おわりに

本建物は，PC構造で本格的な多層ラーメン構造の最初のものと思われるが，残念ながら昭和38年3月，新宿駅地下道の改良工事に伴い撤去された。

◎出　典
1)　「PC建築設計施工例－国鉄における10年の歩み－」，鉄道建築協会編，彰国社，1964．

写真-2　搬入状況

写真-3　建て方

003 三鷹航空技術研究所遷音速風洞上家工事

● 国内初のPCアーチ構造
● 1958年竣工

1. はじめに

本建物は，JR中央線三鷹駅から約3km地点，東八道路沿いにある航空宇宙技術研究所内に建設された。運輸省は，航空機の国内生産を再開するにあたり，航空機製作技術の研究・向上のため，遷音速風洞実験設備が企画され，本建物がその第1号となった。

2. 工事概要

建物名称：三鷹航空技術研究所遷音速風洞上家
所 在 地：東京都三鷹市新川700番地
発 注 者：建設省関東地方建設局
用　　途：実験棟
設計監理：建設省関東地方建設局営繕部建築第二課
施　　工：大林組
PC施工：興和コンクリート
構造規模：SRC造一部PC造平屋
延床面積：1 375 m²
工　　期：1958年竣工

3. 構造および施工概要

特徴は，プレストレス導入時，柱下部と大梁部を分離しておき，プレストレスによる弾性ひずみを除去した後，柱連結部の鉄骨を溶接し，目地コンクリートを打設して，不静定構造物に起り得るプレストレス導入時の2次応力を起こさないようにしたことである。当時は，建築にプレストレスを導入したアーチ構造の実施例が少なく，本建物の構造は斬新なものであった。

図-1，2に示すとおり平面20×68.75 m，軒高21.9 m（うち16.6 mまで鉄骨鉄筋コンクリート柱，5.3 mがプレストレストコンクリート柱），プレストレスコンクリート大梁はスパン20 m，ラーメン間隔6.25 mである。主ラーメンは場所打ちコンクリート，梁12-7φmmケーブル6本でプレストレスし，柱1本当り20-φ25 mm鋼棒でプレストレスした。プレストレスラーメン柱脚は，プレストレス導入作業後，下部柱の鉄骨と溶接の上コンクリートで被覆されている。桁行梁は30×60×6.25 mのプレキャスト梁を大梁の上に架設し3本づつ12-φ5 mmケーブル3本でプレストレスしてある。小梁は20×44 cmで桁行梁と同様に施工されている。

写真-1 内観

図-1　構造概要

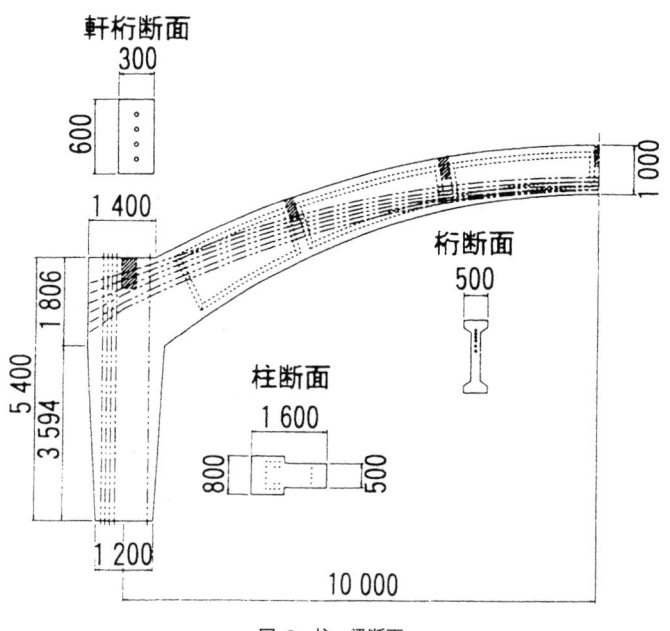

図-2　柱・梁断面

◎出　典
1) "三鷹技術研究所遷音速風洞上家工事にともなう現場測定結果の概要", プレストレストコンクリート, Vol. 1, No. 2, 1959.
2) "特集/PC構造物の紹介 60. 航空宇宙技術研究所遷音速風洞上家", プレストレストコンクリート, Vol. 35, No. 6, 1993.

004 大井工場塗装職場
- プレキャスト PC タイドアーチ架構
- 1959 年竣工

1. はじめに

本建物は，電車の修繕工場である大井工場のなかで，車両の塗装を行う建物であり，立地条件その他から次の事項を満足することが要求された。

① 準防火地域であるため主体構造を耐火構造とする。
② 作業能率上線路 4 線を収容する必要があるが，立地条件により 25.5 m 以上の開口は取れない。また，線路間に柱を設けることができないため，室内は無柱 25.5 m スパンとする。
③ 塗装の乾燥などの条件から，小屋組ライズを小さくして室内気積を少なくし，ベンチレーション効果を大きくする。
④ 職場の性格上インシュレーションを良くする。
⑤ 色彩に関係する職場であるので採光を十分にする。

これらの諸条件をもとに検討を行った結果，PC によるタイドアーチ構造が適しているという結論が得られた。

また，経済性の面では，PC 構造としてできるだけローコストにする方法として，タイドアーチの同形小屋組とする平面計画を作り，部材の単純化と模型実験による経済断面の検討を実施し，自重軽減を計り，部材の工場製作工程の量産化形式をとり，ポストテンション方式とすれば工期の短縮と経費の節減が図れる見通しを得た。

2. 工事概要

建物名称：大井工場塗装職場
所 在 地：東京都品川区 JR 東日本大井工場内
発 注 者：日本国有鉄道
用　　途：工場
設計監理：東京鉄道管理局建築課
施　　工：戸田組
PC 施工：興和コンクリート株式会社
構造規模：PC 造平屋
延床面積：約 4 000 m^2
工　　期：1957 年 11 月〜1959 年 3 月（17 カ月）

3. 構造概要

本建物は，柱，地中梁，基礎を現場打ち RC 造，小屋組を PC によるタイドアーチとし，地震力を両柱に等分に負担するようにしたが，施工中は一端をローラー支持として施工中の変形に応ずるようにし，全静荷重の安定後にローラーを溶接し，ピン状態にセットする方式をとった。

一方タイドアーチの応力を検討すると，上弦材には軸方向圧縮力が大きく作用し，曲げモーメントは比較的小さいものとなり，これに対し，下弦材には軸方向引張力だけが大きく作用することになる。従って，PC を採用することにより，上弦材，下弦材とも比較的小さい断面ですみ，重量も軽減される。なお，構造物としての剛性を増加させる意味で束を入れ，荷重による曲げモーメントを上下弦材にそれぞれ断面 2 次率に比例して配分されるようにした。

写真-1　全　景

桁行方向各アーチの間隔は6mで，14本の小梁によって結合し，この小梁は4個のアーチを結合する3径間連続梁として考え，つぎに単純梁を1径間挿入し，ふたたび3径間連続梁とし，この単純梁1径間部分はプレテンション材を両端支持状態に架け，エキスパンション部分として働かせるようにしている。

屋根版はできるだけ軽量にするため，ショットクリート工法による鉄筋コンクリート版とし，ゴーレックス防水としている。

アーチ材は工場製作し，輸送，現場施工などの関係から，上弦材5個，下弦材7個，端部2個のブロックに分割し製作されている。

このタイドアーチは，スパン25.5m，上弦材は半径30m，中心角2×25°15′の円弧，下弦材は直線，上下弦材を垂直部材をもって結合されている。

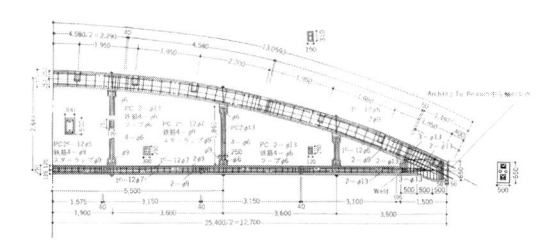

図-1 タイドアーチ詳細

プレストレスの導入は，上弦材にはフレシネケーブル（12-φ5）2本を，下弦材には（12-φ7）2本をおのおの偏心無しに配置し，フルプレストレスとして設計されている。これらのケーブルの被覆は耐火性を考慮して5cm以上としている。

プレストレスを導入する場合，上弦材から支えるか，下弦材から支えるかによって導入されるプレストレスが異なるので，設計計算にあたっては，施工法施工の順序を十分に考慮に入れて応力計算がなされた。

この設計では，上下両弦材のブロックを正規の位置に配置し，目地モルタルを施工，これが硬化後に吊り材のPC鋼棒を締め，つぎに上弦材にプレストレスを導入し，最後に下弦材にプレストレスを与えることにした。これは，模型実験の結果下弦材からプレストレスを与えると，上弦材には負のモーメント（上端に引張応力，下端に圧縮応力）が生じ，自重による軸方向圧縮応力以上となり，目地モルタルが切れ，開口するような危険が生ずるからである。

このような順序でプレストレスを与えるときの構造物の変形は，上弦材にだけプレストレスを与えるとクラウンはわずかに沈下するが，下弦材のプレストレッシングによってクラウンは大きく上昇するとともに，下弦材は短縮する。すなわち，全プレストレスを与えた直後には，この構造物は両端だけで支持され，施工中に用いられた架台から完全に浮上がることになる。

4. 施工概要

タイドアーチの架設組立てにあたっては，柱頭と同じレベルに鉄骨製移動ステージを組み，さらにその上に治具を組立て，垂直状態でPC部材を組立て，ポストテンションを加え，グラウトを行い，転倒防止を施したあとステージングを移動させた。ステージングは，L型鋼を主体とした鉄骨造のバランスラーメンとし，柱脚に車輪を取付け，レールで桁行方向の移動を可能にした。

組立ての工程は設計当初の計画ではアーチ1組について5日間で計画されたが，実際には4日間で施工された。

写真-2 架設組立

5. おわりに

本建物は，PC建築物の初期のものであるが，竣工から40年ほど経過した現在も，内外装のリニューアルをほどこされ，塗装職場として使用されている。

◎出 典
1）「PC建築設計施工例－国鉄における10年の歩み－」，鉄道建築協会編，彰国社，1964.

005 鉄道技術研究所ボイラー室

● プレキャストPC構造

● 1959年竣工

1. はじめに

特異な形態をもつボイラー室を，周囲の建物と調和させ，また，雄大な武蔵野の環境にマッチさせるためのデザイン上の考慮，および，工期の短縮等の条件の下に，鉄骨造，鉄筋コンクリート造，PC造について検討し，その結果プレキャストによるプレストレスト工法を採用した。

2. 工事概要

建物名称：鉄道技術研究所ボイラー室
所 在 地：東京都国分寺市光町
発 注 者：日本国有鉄道
用　　途：ボイラー室
設計監理：国鉄東京工事局発電所課
施　　工：鉄道建設工業
PC施工：興和コンクリート
構造規模：PC造平屋・一部中2階
延床面積：183.3 m²
工　　期：1959年7月〜9月（3カ月）

3. 構造概要

主要構造のうち，柱，梁，小梁および桁行き方向の中間梁は，ポストテンション工法によるPC造，桁行方向の軒梁はプレキャストの鉄筋コンクリート造とし，基礎および基礎梁は現場打ちの鉄筋コンクリート造としている。

壁および屋根版はショットクリート工法により，桁行方向の壁は耐震壁とし，壁厚は5 cmである。屋根版は，軽量にするため，壁と同じ厚さ5 cmのショットクリートの上にゴーレックス屋根防水をほどこしている。

部材は単純な形でできるだけ大きな寸法のユニットとし，ジョイント部分の数を減らすことによって，工法的にも経済的にも有利になるようにした。

設計条件を以下に示す。

雪荷重：60 kgf/m²

写真-1　全景

地震荷重：$k=0.2$

使用したコンクリート強度は，PC部分は$F_c=450\,\mathrm{kgf/cm^2}$，RC部分は$F_c=150\,\mathrm{kgf/cm^2}$である。緊張材は12-φ5，および12-φ7を使用している。

4．施工概要

門型ラーメンの施工順序を以下に示す。

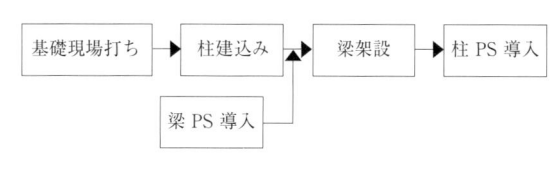

図-1 施工フロー

柱のPC鋼線の下端はループ状に曲げ，基礎にアンカーしている。柱の建込みのための棒子は，松丸太径24 cm，長さ15 cmのものを使用し，荷重を考慮してL-90×90×6を2本をこれに抱かせて使用した。ウィンチは主動段巻にて建込み，松丸太2本にて転倒防止を図った。

大梁は，地上のまくら木サンドル上に3つのブロックを並べ，ポストテンショニングを行った。吊り上げには，両端に棒子を立て，吊り込み用の穴にワイヤ掛けしてウィンチ2基にて建込んだ。

◎出　典
1) PC建築設計施工例－国鉄における10年の歩み－，鉄道建築協会編，彰国社，1964．

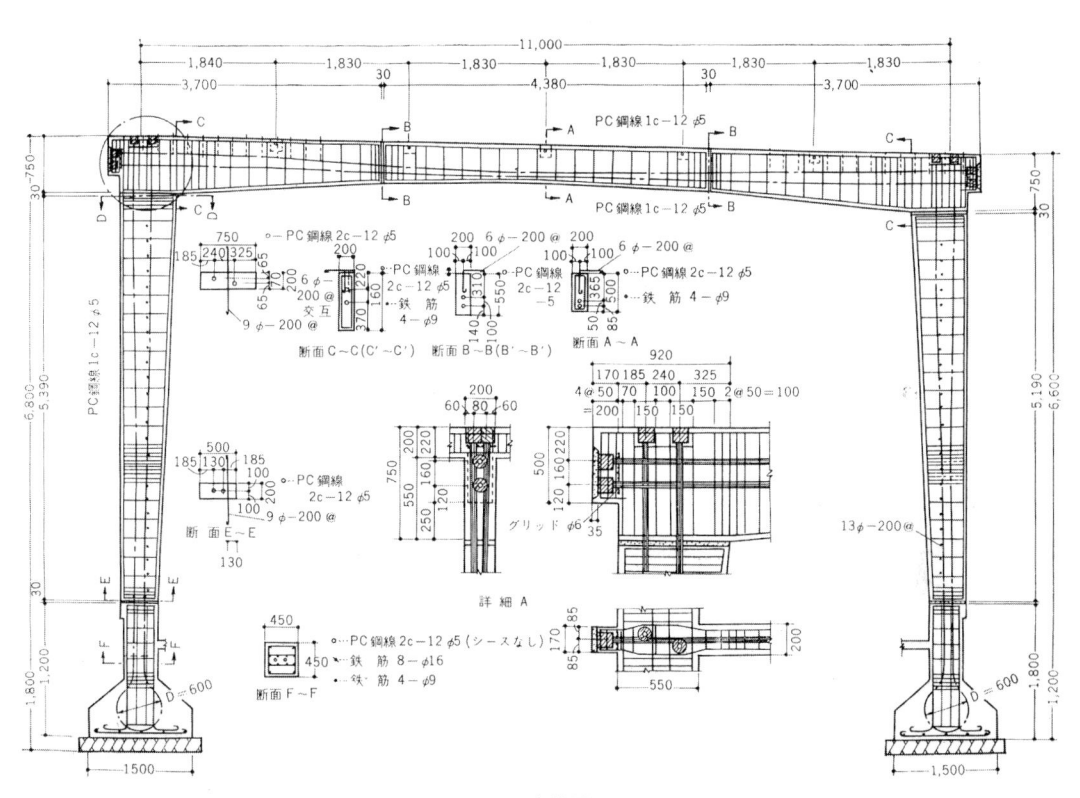

図-2　架構詳細

006 鉄道技術研究所実験棟

● プレキャストPC梁・柱
● 1960年竣工

1. はじめに

本建物の構造は，PC構造と鉄骨構造を意匠，工期，建設費（この程度の規模では鉄骨造と大差がない）および保守費（鉄骨造のようにペイント塗装の必要がない）について比較して，PC構造を採用した。

2. 工事概要

建物名称：鉄道技術研究所実験棟
所 在 地：東京都国分寺市光町
発 注 者：日本国有鉄道
用　　途：実験棟
設計監理：国鉄東京工事局
施　　工：鉄道建設興業
PC 施工：興和コンクリート
　　　　　別子建設
構造規模：プレキャストPC造＋RC造　平屋
延床面積：1棟1480 m²（全計画10棟）
工　　期：1960年1月～1960年10月（10ヵ月）

3. 構造概要

図-1～3に概要図，梁伏図，軸組図，を示している。張間方向の構造は，②～⑬通りが柱・梁とも工場製作PC（梁は3ブロック）の柱脚ピンの門型ラーメン（図-4）で，①，⑭通りは現場打RC構造のラーメンである。桁行方向の構造は，PC柱間にRC梁を場所打ちしたラーメンとした。

小梁は，すべて工場製作のPC部材である。PCb_1およびPCb_3はゲルバー梁式の静定梁，PCb_2はプレストレス導入後（ポストテンション）に3スパン連続の小梁としている。

4. 施工概要

一般的に，PC構造の架設応力とプレストレス導入順序による不静定応力を検討する必要がある。本実験棟では，小梁の急速施工をするため，小梁（PCb_2）を3本同時に緊張して，桁行方向ラーメンのRCを打設した。

そこで，小梁の緊張が他の梁に影響するため，実験を行った。導入過程は複雑な応力状態であるが，大体予定に近い結果が得られた。

柱，および小梁の建込みは19tトラッククレーン2台を使用した。

なお，各部材には，建込み用のボルト孔を適当に設けてある。この孔は建込み用だけでなく，スラブ打設時の型枠取り付けにも利用した。

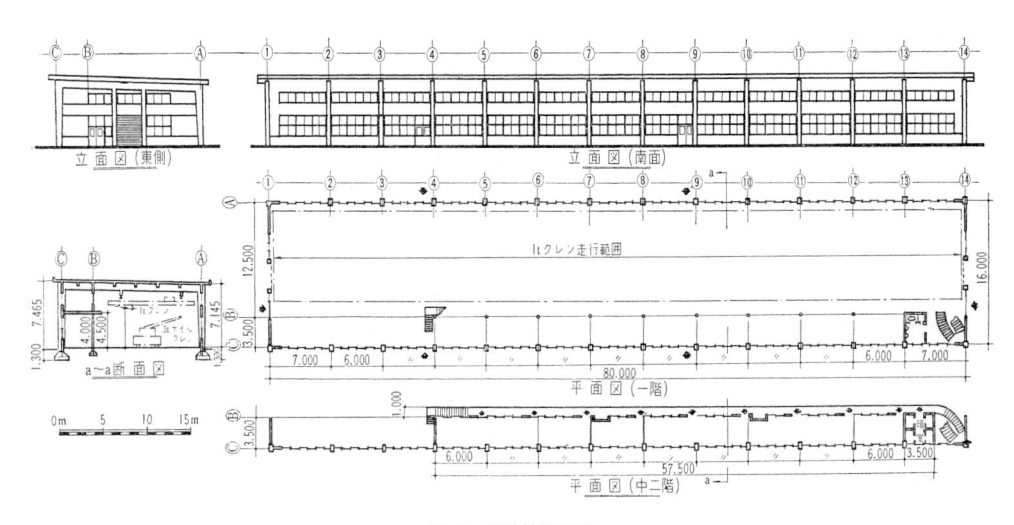

図-1　実験棟概要図

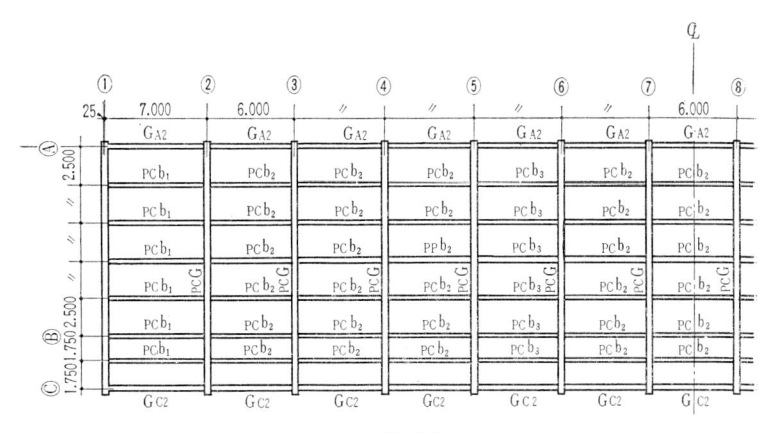

図-2 梁伏図

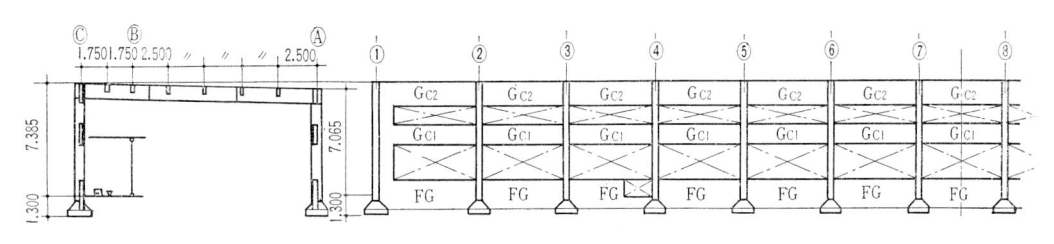

図-3 軸組図

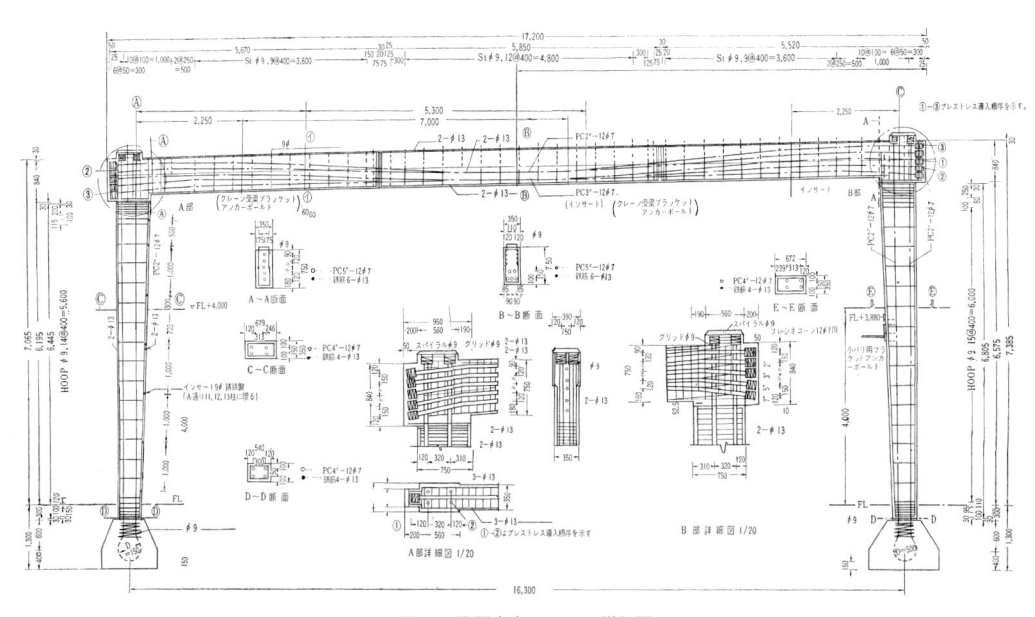

図-4 梁間方向ラーメン詳細図

◎出 典
1) "鉄道技術研究所実験棟（PC構造）について"，プレストレストコンクリート，Vol. 2, No. 5, 1960.

007 オリエンタルコンクリート社屋

● 全部材プレキャストPC造とした国内初の多層建築
● 1960年竣工

1．はじめに

本建物は地下1階，地上4階一部5階建てであり，地上部分の主要構造体である柱・梁・床・壁をすべてプレキャスト部材とした国内初の多層建築である。また建設当時はPC構造に関する規基準が整備される前のため，建築基準法38条に基づく建設大臣の認定により建築確認を受けた建物である。

2．工事概要

建物名称：オリエンタルコンクリート社屋
所 在 地：東京都千代田区五番町
発 注 者：オリエンタルコンクリート
用　　途：事務所
設計監理：鉄道会館1級建築士事務所
　　　　　横山建築構造設計事務所
施　　工：奥村組
PC施工：オリエンタルコンクリート
構造規模：地上1～5階：プレキャストPC造
　　　　　地下1階・1階床：場所打ちRC造
延床面積：1275.7㎡
工　　期：1960年4月～1960年10月（7カ月）

3．構造概要

全館にプレストレスを導入した多層PC建築は当時としては初の試みであったため，耐震性能の向上と基礎の不同沈下への対処を重点に構造計画が進められた。

建物形状は張間方向8.9m単スパン，桁間（長手）方向が5.4m×5スパンの連続架構であり，桁間方向は壁に設けた開口部を最小限に抑えた耐震壁とし，張間方向も建物中央部に有効なコア部を設けることで偏心の無い耐震架構を構成している。また，張間方向の地震力を中央コア部に有効に伝達させるため，プレキャスト床版には十分な水平剛性が与えられた。

当時はPC建築の設計法が確立する以前であった

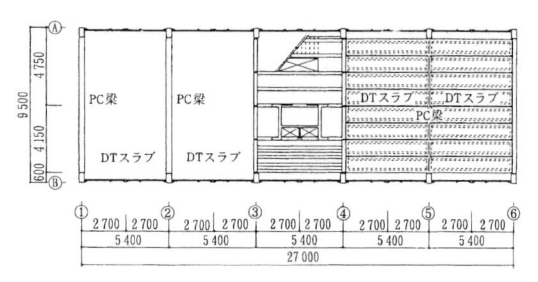

図-2　基準階伏図

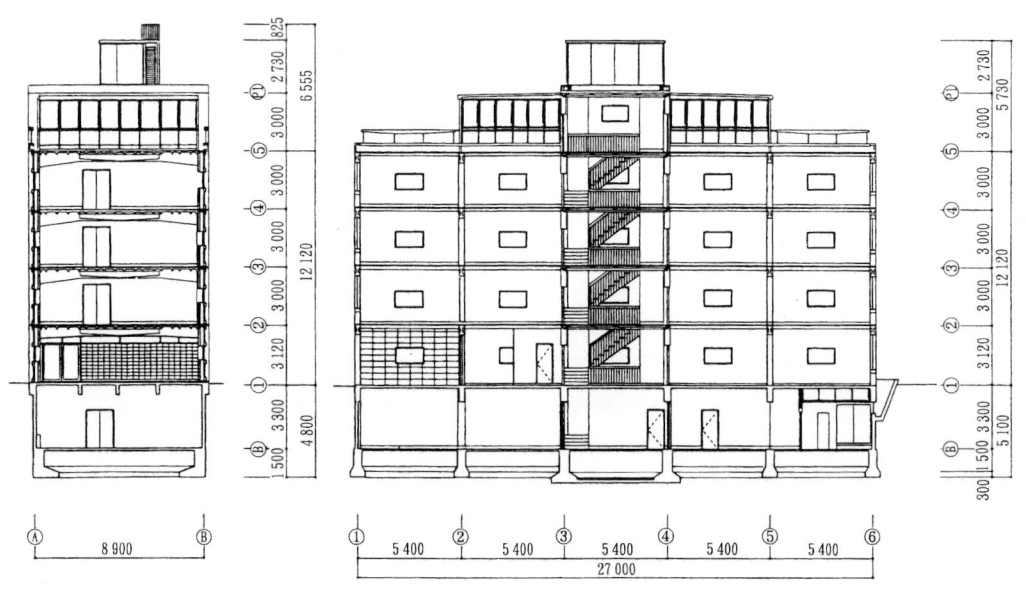

図-1　断面図

が，断面の設計手法には終局強度設計法が採用され，規定耐力の2倍以上の終局耐力が確保できる設計となっていた。さらに柱梁接合部においては建設省建築研究所に依頼して実大模型実験を行い，設計法の適合性を確認している。

基礎構造については，PC構造がキレツ発生のきわめて少ない構造と位置付け，不同沈下によっても亀裂が発生しないよう，十分な検討がなされた。この結果，建物全域に渡って地下室を設け，壁により箱状に区画された地下室と布基礎とで構成されるきわめて剛性の高い下部構造を構築することで不同沈下に対処している。

プレストレス導入に使用したPC鋼材は床版にϕ10.8のPC鋼より線を使用し，その他の柱梁壁についてはϕ12～24のPC鋼棒を使用していた。とくに梁柱についてはPC鋼棒を曲げ加工配置することで，プレストレスによる鉛直応力キャンセル効果が最大限に発揮できるように配慮されている。

4．施工概要

現場の敷地は間口が10m程度と狭く，また資材の搬入も片側1か所のため，搬入側にタワークレーン，建物中央には木製デリッキを設置し，部材引き込み用に敷設したトロ線を利用して部材を架設した。

現場での施工手順は以下のようであった。
① 場所打ちの地下構造躯体の施工，② 柱建て方，③ 大梁の架設，④ 柱のPC緊張，⑤ 床版敷設，⑥ 大梁のPC緊張。

PC大梁の緊張は，工場出荷時に最終緊張力の30％のプレストレスを導入し，現場にて床版を敷設した後に再緊張を行うことで残り70％のプレストレスを導入した。

プレキャスト部材に使用したコンクリートは柱梁床が$F_c = 400\ \text{kgf/cm}^2$（スランプ4cm以下），壁が$F_c = 300\ \text{kgf/cm}^2$（スランプ2cm以下）であった。

5．おわりに

本建物は竣工から解体時まで，33年間を事務所ビルとして供用されたが，解体時には各構造部材の調査も行われている。これによるとPC鋼材には錆等の不具合もみられず，またコンクリートの中性化は通常のRC造の50％程度であり，実圧縮強度も設計基準強度の1.2倍程度と健全な状態であることを確認している。

図-3 PC部材配線図

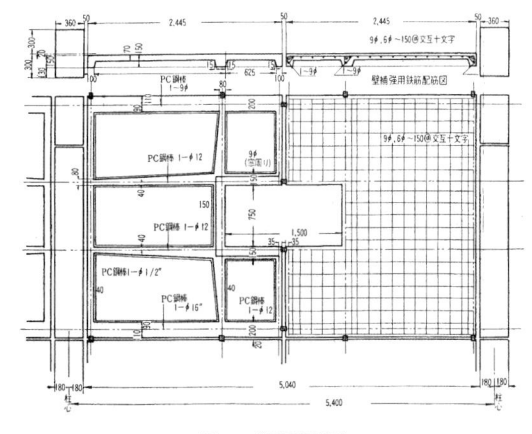

図-4 壁版詳細図

◎出典
1) "オリエンタルコンクリート社屋のプレストレストコンクリート構造"，プレストレストコンクリート，Vol. 2, No 4, 1960.
2) "オリエンタルコンクリートKK社屋のプレストレストコンクリート構造の施工について"，プレストレストコンクリート・Vol. 2, No. 6, 1960.
3) "オリエンタル建設(株)旧社屋の調査（33年間供用したプレキャストPC造の建築物)"，プレストレストコンクリート，Vol. 36, No. 4, 1994.

008 三愛ビル

● PC リフトスラブ
● 1962 年竣工

1．はじめに

本建物は，銀座の目抜きの角地に建てられたもので，建物上部の広告塔と一体で設計された。光り輝く円塔は，建物自体がショーウインド・宣伝体であり，銀座のモニュメントとなっている。広告塔上部までの高さ48 m は当時きわだった存在であった。

資材搬入の制約，超短工期のため，5 階から R 階までの 6 フロアがプレキャスト化された。工場製作された 24 ピースは，4 階床で組み立てられプレストレスで一体化された後，先立って建方されたコア鉄骨体によりリフトアップされた。この PC 床版についていくつかの実験が行われ，耐力・耐火の安全性が確認された。

2．工事概要

建物名称：三愛ビル
所 在 地：東京都中央区銀座 5 丁目 7 番地
発 注 者：三愛
用 途：店舗
設計監理：日建設計
施 工：竹中工務店
PC 施工：ピー・エス・コンクリート
構造規模
　　地下 3 階：RC 造，一部 SRC 造
　　地上 9 階：SRC 造，一部 PC 造
　　広 告 塔：S 造
　　延床面積：2 491 m²
工 期：1962 年竣工（20 カ月）

3．構造概要

建物は 2 棟からなり，地上 4 階床以下は一体，4 階壁以上はそれぞれ独立した棟が，渡り廊下で接続されている。

本棟は円筒状で中心に円筒核があり，ここにエレベータ，階段およびダクト類が収まり，この核よりドーナツ型の PC 床版が張り出している。階段棟は矩形平面の塔で，階段，便所およびダクト類が配置されている。

(1) PC 床版の概要

5 階以上の床に採用された PC 床版は外径 14.26 m，内径 6.20 m の二重床である。PC 床版は 1 フロアーを 24 個のブロックに分け，2 重床部分の上版側は取り外し可能なように工場製作し，現場 4 階床で組み立てる。ケーブルは逆傘型床版の外周梁型内に配置して

写真-1　全景写真

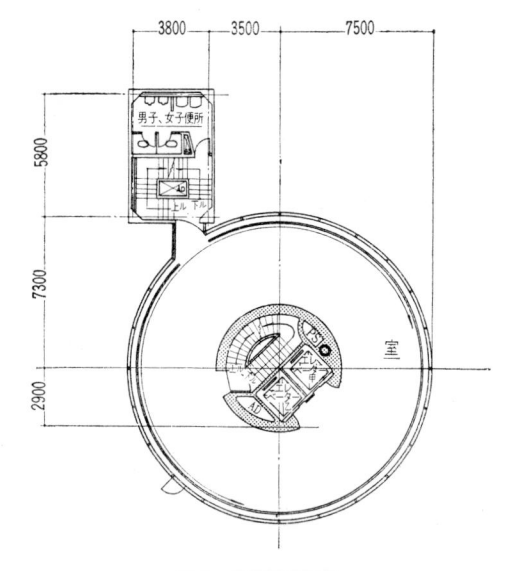

図-1　基準階平面図

あり，ストレスを導入すると一体となり，中央で支持すれば床版を完全に支持できるようになる。このPC床版を鉄骨円筒に沿って吊り上げて，鉄骨ブラケットで円筒に取り付ける。二重床の上版は設備配管が完了した後，PC床版に固定する。

PC床版に使用した材料を以下に示す。
　コンクリート：$F_c = 400 \text{ kgf/cm}^2$
　PC鋼線：5ϕ，引張強度 $16\,500 \text{ kgf/cm}^2$

(2) PC床版の耐力実験

PC床版の亀裂および破壊安全率の確認のため1/5模型による耐力実験が行われた。試験体は2種類で，2体は実物と同一製作工程に従い，各部の応力度が実物と同じとなるようプレストレスを導入した。他の2体は二重床の上版が火災により破壊した後の床の安全性を確認するため，上版をなくして前者と同様の試験を行った。実験の結果，逆傘型床版外周にプレストレスを導入した床構造が十分な安全性を有し，円形床版としてきわめて有利な構造であることが分かった。また理論解による亀裂および破壊荷重は実測値とほぼ等しい値を示し，理論解法の妥当性が確認された。

4．施工概要

地下は逆打ち工法を採用し，1階床より順に地下掘削に伴い，外周鉄筋コンクリート造壁の施工を行った。所定根切り底に達して後，本棟核（円筒）の中央にタワークレーンを建て，核円筒の鉄骨建方を行いつつ，タワークレーンをスライドさせ上げていった。核円筒を本館棟・階段棟の建方，資材取り込みの工事用クレーンの支持体に利用し，さらに5階以上のPC床の吊り上げにも利用した。

◎出　典
1) "三愛ビルのPCリフトスラブ"，プレストレストコンクリート，Vol. 4, No. 3, 1962.

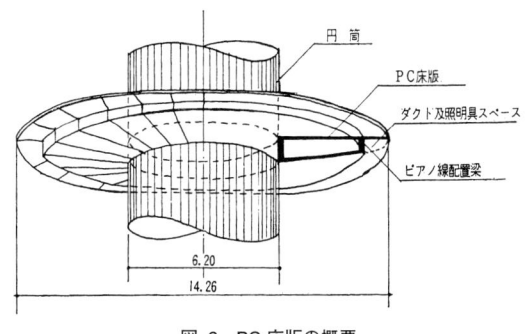

図-2　PC床版の概要

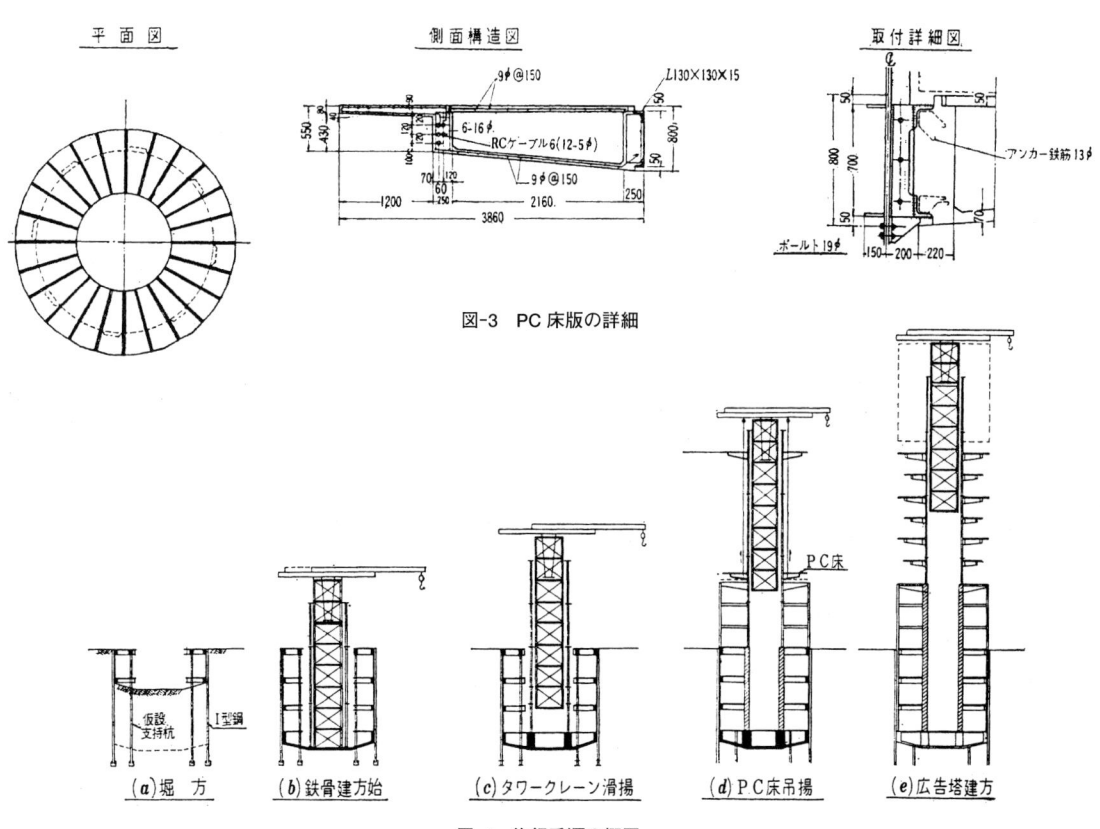

図-3　PC床版の詳細

(a) 堀方　(b) 鉄骨建方始　(c) タワークレーン滑揚　(d) PC床吊揚　(e) 広告塔建方

図-4　施行手順の概要

⑨ 大井工場食堂
● 国内初の PC 構造折版屋根
● 1962年竣工

1. はじめに

本建物の用途は，1，2階共食堂であるが，2階はさらに集会などにも使用可能なオーディトリアムになっている。けた行方向44m，張間方向32mという大スパンのために，屋根はPC構造折版屋根が用いられた。その他屋外通路階段およびそれを覆う大庇ももち出し距離が大きいために，PC鋼棒によりプレストレスが導入されている。

2. 工事概要

建物名称：大井工場食堂
所 在 地：東京都品川区　JR東日本大井工場内
発 注 者：日本国有鉄道
用　 　途：食堂
設計監理：国鉄東京建築工事局
　　　　　岡本建築設計事務所
施　 　工：戸田組
PC施工：北海道ピーエスコンクリート
構造規模：RC造2階建　屋根PC折版構造
延床面積：2 874 m²

工　　期：1961年4月〜1962年3月（12カ月）

3. 構造概要

本建物は，2層の鉄筋コンクリート構造ラーメンの上に，現場打ちPCコンクリート折版の屋根を置いている。ただし，A，E通りについては，PC構造にすると下部ラーメンにもプレストレス力が導入されるので，この部分だけはRC構造とし，AB，DE通りの中間でジョイントを設け，プレストレス導入後これを接合させている。

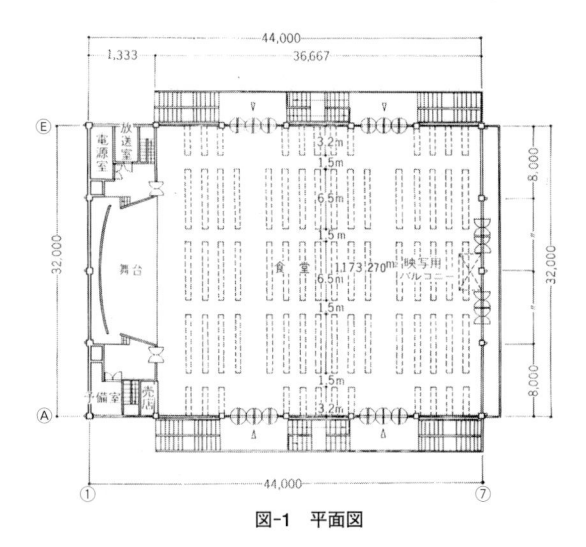

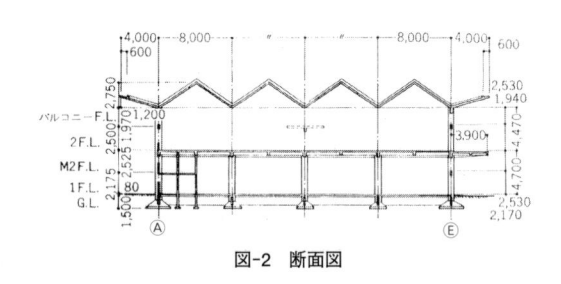

図-1　平面図

図-2　断面図

屋外階段のささら受け片持ち梁，大庇の持出し梁はPC鋼棒によりプレストレス力を導入し，ナットで定着している。

PC構造折版は13-φ5PCケーブルを使用し，定着はBBRV方式によっている。なお，使用されたコンクリートの強度は $F_c = 350 \text{ kgf/cm}^2$ である。折

写真-1　全　景

版は折版理論より鉛直荷重時応力を算定し，水平荷重時には応力を受けないものとして設計されている。また，この折版を支持する2階柱の柱頭はピン支承としている。

折版屋根には，横へ広がろうとする力が加わるが，この力を完全におさえないと，屋根は無制限に折れ目を伸ばすように広がりつづけ，ついには崩壊する。これに抵抗するには両端の柱の剛度を高めるか，水平梁を設けることが有効である。本建物では，屋外階段を覆う大庇が存在しているので，この大庇を水平梁代りにして設計している。しかし，この庇は薄く，また，斜めになっているため，予想通りの効果を期待できるかどうか模型実験で検証している。その結果，大庇先端に大きなPC鋼材方向引張力が生ずるが，座屈などをおこすようなこともなく非常に有効なことを確認している。

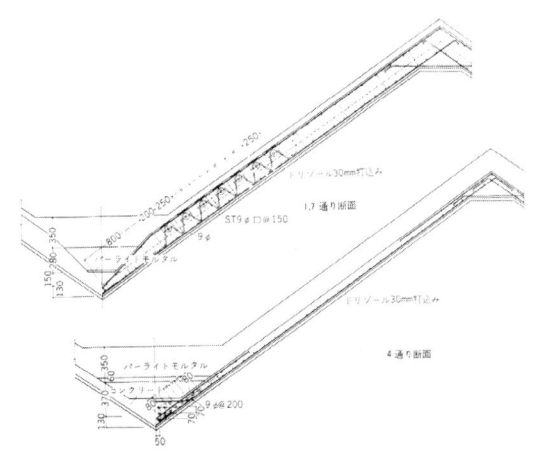

図-3 屋根版詳細図

柱頭は，施工時に折版が水平方向に移動できるようにすべり支承とし，プレストレス導入後は完全に1本の柱となるような方式とした。

4．施工概要

折版の施工順序を以下に示す。
① コンクリートを柱頭まで打ちこむ。
② 柱頭にすべり支承を取付け，ジョイント部分を除きコンクリートを打ちこむ。
③ りょう線のリブのある位置にタイバーを取付ける。
④ 屋根版および小梁のコンクリート圧縮強度が $F_c = 250\,\text{kgf/cm}^2$ 以上になった時点で，RCおよびPC部のりょう線間のリブのある位置に設けてあるタイバーを緊張し，続いてPC部屋根版にプレストレスを導入する。この後，RC部およびPC部屋根版の型枠および支柱をすべて除去する。
⑤ 上記の施工完了後，屋根版および小梁のジョイント部分の鉄筋の溶接を行い，目地モルタルを打つ。目地モルタルが所定の強度に達したのち，RC部屋根版の小梁にプレストレスを導入し，すべてのタイバーをゆるめ，これを除去する。

コンクリートの打設にあたっては，固定荷重の変動を極度に警戒するため，各リブ間に3個のアングルを定規代りに固定してコンクリートを打ち進めた。1日の打設量は約 $30\sim 40\,\text{m}^3$ で，作業員15名程度を要した。

プレストレス力の導入にあたっては，各ケーブルの導入順序による減退を避けるため，プレストレス力導入を2サイクルで行っている。施工は，北側から1本おきに緊張を行い，南端までゆき次に南側より残っているケーブルを緊張して北側に戻る。この作業を2回繰り返した。

PCケーブルの伸び量は，計算で266 mm程度であるが，実際にはこれより10～15 mm余計に伸びた。これはケーブルのシース中のたるみも読込んでしまったためと考えられる。導入プレストレス力のチェックのために，このほかに折版の頂部と底部でコンタクトゲージにより直接コンクリートのひずみを読み取り，これをプレストレス力導入状況の重要な資料とした。コンタクトゲージはこのほかに柱脚部においても，折版プレストレス力導入に伴って付加的に起ってくる柱の直圧の増大，曲げモーメント発生のチェックにも有効であった。

柱頭に設けたすべり支承は当初の思惑通りに働かなかったために，折版にブラケットを取付けジャッキにより押しすべらせた。この作業はコンタクトゲージで柱の曲げモーメントをチェックしながら行った。折版の縮み量は計算では約17 mmであるが，実際は14 mm程度であった。この縮み量と中央点のたわみ量は，あらかじめ取付けておいたダイアルゲージで測定した。この中央点の浮上がり量は計算で18 mmなのが，実際には10 mm程度であった。この原因は，ケーブルの偏心距離 e の誤差，コンクリートのヤング率の仮定の誤差，プレストレス力導入の誤差などが主なものとして考えられる。

◎出　典
1) 「PC建築設計施工例－国鉄における10年の歩み－」，鉄道建築協会偏，彰国社，1964年11月．

010 埼玉県農林会館

● 国内初の場所打ち PC 構造
● 1962 年竣工

1．はじめに

PC 構造による柱・梁ラーメン架構を場所打ちとした国内初の建物である。

2．工事概要

建物名称：埼玉県農林会館
所 在 地：埼玉県浦和市
発 注 者：埼玉県
用　　途：事務所
設計監理：東京工業大学　清家研究室
施　　工：戸田組
PC 施工：オリエンタルコンクリート
構造規模：場所打ち RC 造＋場所打ち PC 造
　　　　　地下1階，地上4階
延床面積：7 100 m²
工　　期：1962 年竣工

3．構造概要

地上の4層は柱・大梁・小梁を場所打ち PC 造とし，地下部分を RC 造とした建物である。構造スパンは両方向とも 12.6 m であり，全長は長手方向が4スパンの 50.4 m となっている。小梁は 12.6 m グリッドごとに X・Y 両方向に2梁を配置した格子梁となっている。

各部材断面は以下の寸法となっている。

柱：900×900
大梁（2階）：400×1 100
大梁（3～R階）：400×1 000
小梁：中央 160×500～外端 600×500，内端 300×500

4．施工概要

PC 鋼材は大梁・小梁ともに 12-φ7×4 ケーブルを使用している。

柱断面は，PC 緊張時に柱がプレストレス力を拘束するのを防ぐ目的で柱中央部コンクリートを PC 緊張後の後打ちとし，PC 鋼棒による横締めにより先施工部分との一体性を確保している。すなわち**図-4**に示すように柱を三つの部分に分けて，大梁にプレストレスを与えるまでは，外側の部分のみの比較的剛度の小さな柱で受けておく。大梁にプレストレスを与えた

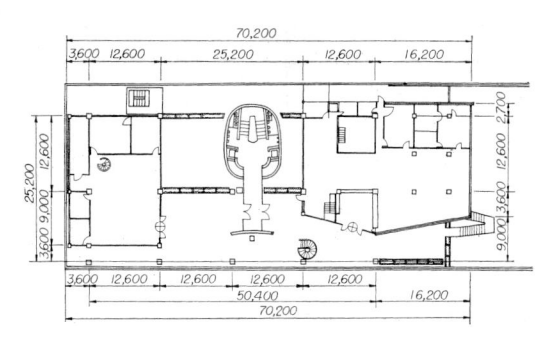

図-1　1階平面図

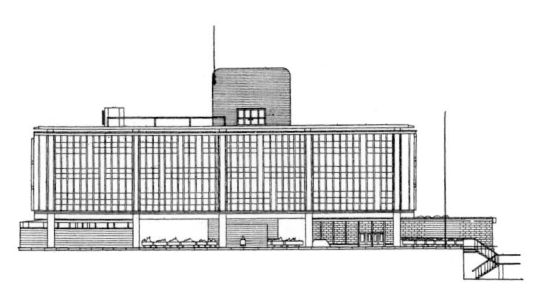

図-2　南側立面図

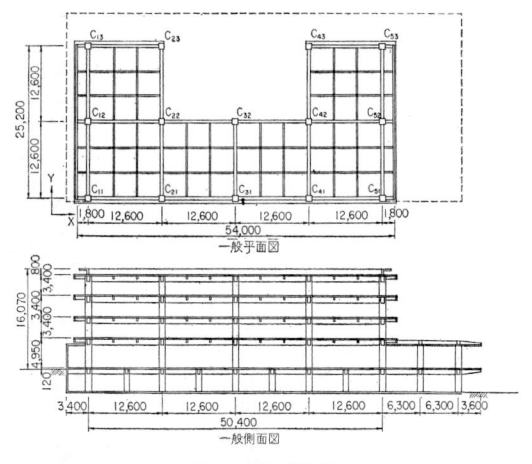

図-3　平・断面図

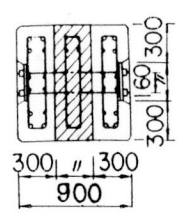

図-4　一般柱断面図

のち，中央部分のコンクリートを打って，合成柱と大梁からなるラーメンを構成する。

柱縦締めに使用したPC鋼材は，PC鋼棒を12本使用している。

◎ **出　典**
1) プレストレストコンクリート，Vol. 4, No. 1, No. 4, 1962.

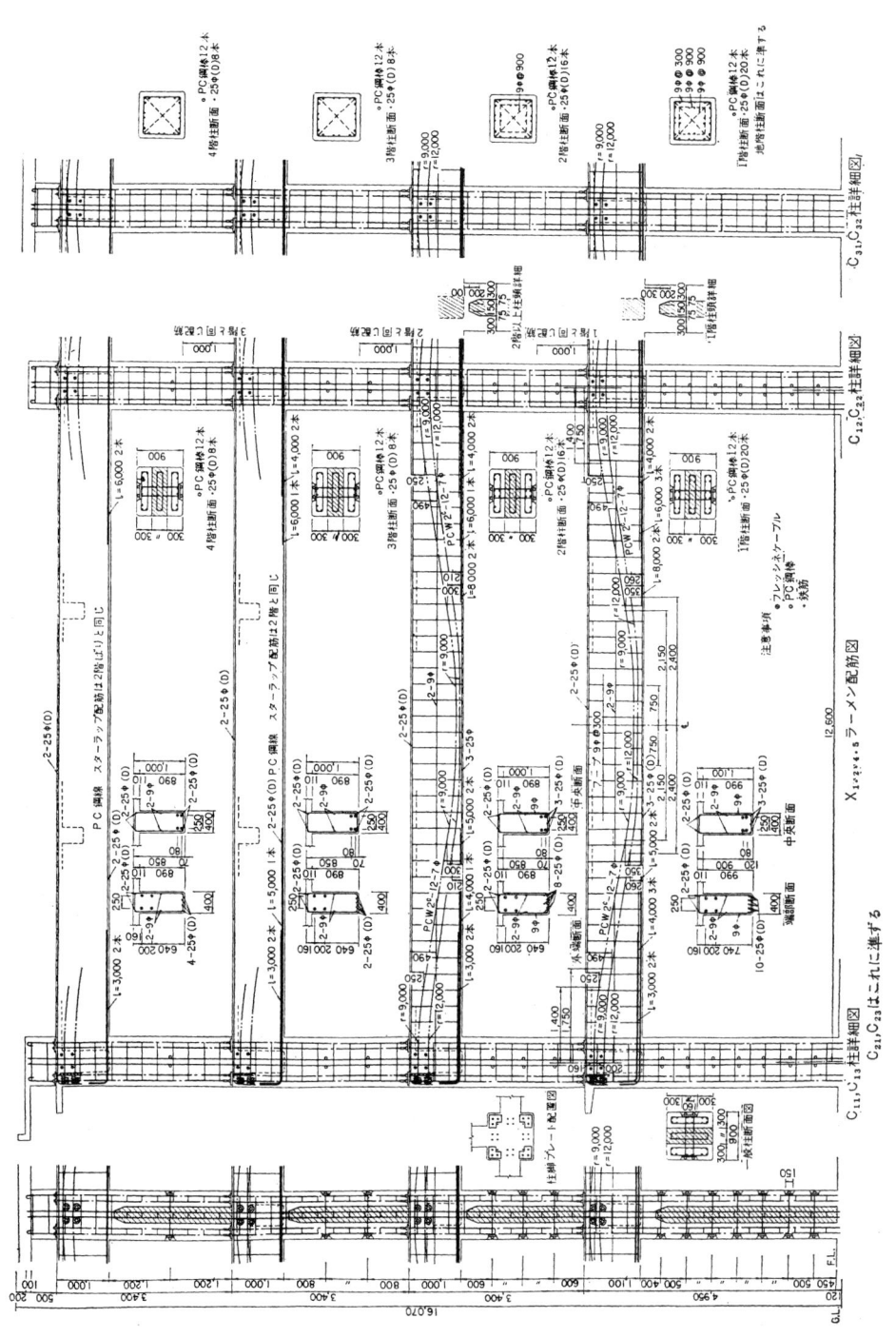

図-5　ラーメン配筋図

011 国鉄勝田電車庫

● 場所打ちコンクリートPC梁WT床版
● 1963年竣工

1．はじめに

本建物は常磐線電化のために新設された。電化は，第1期として上野～勝田間を，第2期として，勝田～平間が行われ，電化工事に並行して電車庫も第1期新築，第2期増築が行われた。

本建物は，全面的にPC構造で設計し施工された。

第1期工事は，PC造のシェル屋根で有り，大部分を現場打ちコンクリートをとし，ポストテンション工法で施工された。

第2期工事は，屋根にWT版を敷きならべたフラットスラブとし，大部分のコンクリート部材を工場で製作し，隣接する線路を利用して現場に搬入し建て込むポストテンション工法を採用している。

ここでは，第2期工事について記述する。

2．工事概要

建物名称：勝田電車庫
所 在 地：茨城県勝田市
発 注 者：国鉄水戸鉄道管理局施設部
用 途：電車車庫
設計監理：国鉄水戸鉄道管理局施設部建築課
　　　　　極東鋼弦コンクリート振興
施 工：国鉄水戸鉄道管理局水戸工事区
PC施工：興和コンクリート
構造規模：PC造平屋
延床面積：1610 m²
工 期：1963年2月～9月（8カ月）

写真-1 電車庫内観

3．構造概要

本建物でPC工法を採用した主な理由を下記に述べる。

① 工期短縮
② 型枠，支保工の大幅な省略化
③ 材料置場，仮設プラント等の設置する敷地が無い
④ 線路（側線）が隣接し，輸送の便がよかった
⑤ 信頼度が高く，美しい製品を供給できる事

構造上の構成を，以下に説明する。

(1) 梁間方向

柱，梁共プレキャスト部材。梁は，全長19.2mで輸送の都合上3本に分けて製作し，現地で一体化し，ポストテンションで組み立てている。柱脚はピンとし，水平力は各ラーメンが負担している。

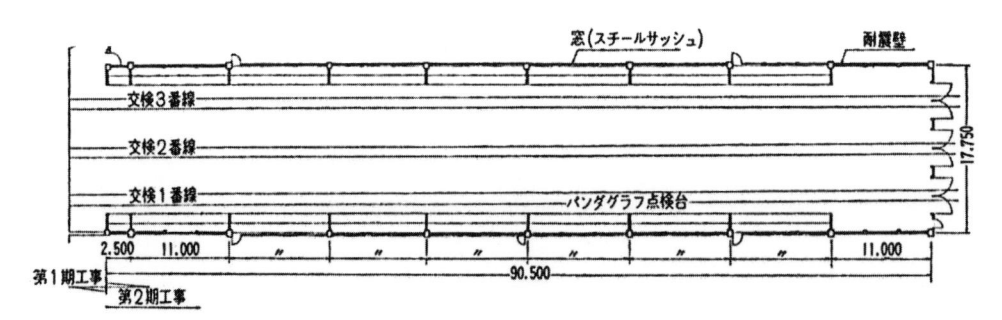

図-1 平面図

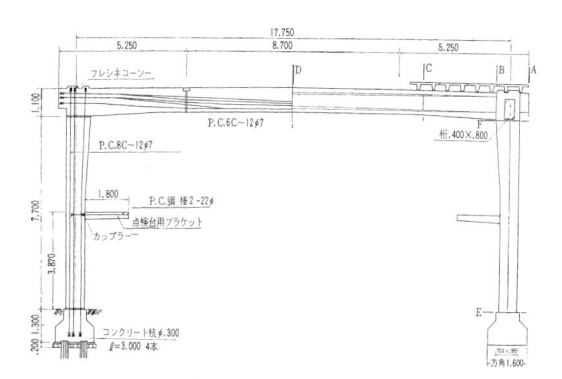

図-2 ラーメン配筋図

図-3 屋根WT版標準断面図

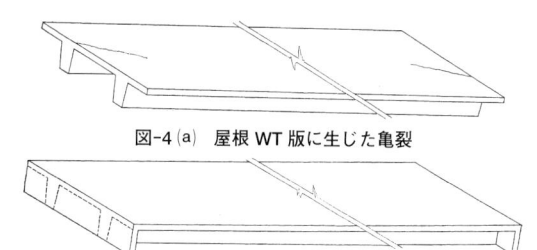

図-4(a) 屋根WT版に生じた亀裂

図-4(b) 小口版を取り付ける案

(2) 桁行方向

場所打ちRC地中梁，およびPC桁梁を，端部で柱を貫通させておいた鉄筋に溶接し，目地コンクリート打ちによってラーメンを構成し，水平力は，両端に配した4枚の耐震壁で負担させている。

なお，第1期工事部分とは，エキスパンションを設け，構造的に縁を切っている。

PCケーブルの定着はフレシネー工法を採用している。本建物の平面を図-1，ラーメン配筋を図-2に示す。

4．施工概要

施工時に問題になった事項を，以下に説明する。

(1) 梁端部配筋の納まり

梁端部は三方向からの鉄筋，シースで錯綜した配筋になっている。PCの場合，PCケーブルの定着具のため，一層複雑になっている。

(2) WT版の不陸

本建物には天窓があるため一般の版と応力状態が異なり，ストランドの本数，配置等が異なっている。したがって，導入応力量および導入中心が変化する状態になり，版のむくり量が異なり，相隣合った版で最大25 mmの差が生じた。一部，水勾配を確保できない所が生じた。

(3) WT版のねじれ

WT版の数枚にステムの付け根から対角方向の両端にヘアークラックが発生した。発生形状からねじれの為に発生したと考えられる（図-4(a)）。

当時は端部にフチフナー代りの壁を設けていなかったので発生したと考えられる。

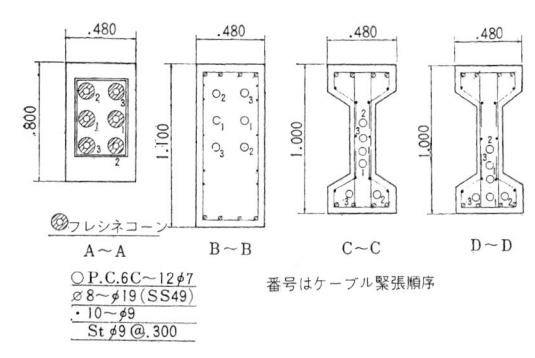

図-5 梁断面図

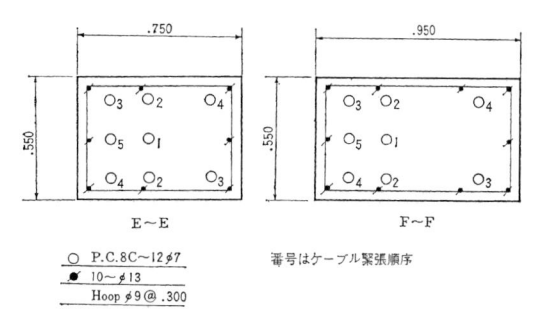

図-6 柱断面図

◎出 典

1) "国鉄勝田電車庫増築工事"，プレストレストコンクリート，Vol. 6，No. 2，1964．

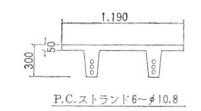

012 国際基督教大学基礎理学本館
PC トラス格子梁構造
1966 年竣工

1. はじめに
国際基督教大学は三鷹市南西端を流れる野川の北側に位置する。

基礎理学部本館の東西南三棟（18.0×18.0 m×3層）の床に，トラス型のプレキャストコンクリートユニットをポストテンションした2方向ワーレンPCトラス格子梁を用いリフトアップ工法で施工した。

2. 工事概要
建物名称：国際基督教大学基礎物理学本館
所 在 地：東京都三鷹市大沢3-10-2
発 注 者：国際基督教大学
用　　途：学校
設計監理：稲富建築設計事務所
　　　　　（構造：増田建築構造事務所）
施　　工：竹中工務店
PC 施工：オリエンタルコンクリート
構造規模：PC造3階
延床面積：2 916 m²
工　　期：1966年1月～1966年12月（12カ月）

3. 構造概要
同一の格子梁平面をもつ棟が3棟，中央棟を囲んで配置されている。3棟ともプレキャストユニットの組立によるPCトラス正方直交格子梁構造であり，下記の建築的条件を満たす床構造として採用された。
① 長スパンである構造材がそのまま天井材になる。
② 設備配管が自由に構造材の間に配置できる。
③ 平面計画上1.50mの間隔造材のグリッドに可動間仕切を自由に配置できる。

四周は8本の柱と周梁で構成された RC ラーメンである。

使用材料：プレキャストコンクリート部
　　　　　$F_C = 420 \, \mathrm{kgf/cm^2}$
躯体全般：$F_C = 250 \, \mathrm{kgf/cm^2}$

プレキャストのトラスユニットをポストテンションして製作するPCトラスの計画上において，トラスユニットの形，ユニットの配置とジョイントの方法，PS導入方法および定着方法ついて検討された。

柱付きの格子梁は両端固定とし　梁付き格子梁は単純支持とした時の格子応力に対応するプレストレス力を求めた。

写真-1　全景

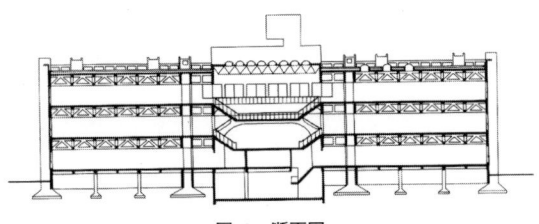

図-1　断面図

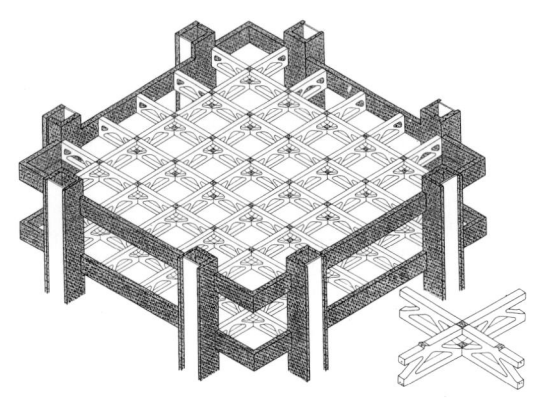

図-2　架構図

4. 施工概要
施工手順は先打ちされた四周 RC フレームの8か所の柱からPC格子梁をリフトアップする。

PC格子梁は1階床でPCトラスユニットを組立て，ポストテンション工法にてストレスを導入する。

梁柱端の定着部はRC部とPC格子梁端と15 cmの開きをとりリフトアップ完了後，後打ちしてPC鋼棒にて定着する。　その後RCスラブを打設する。

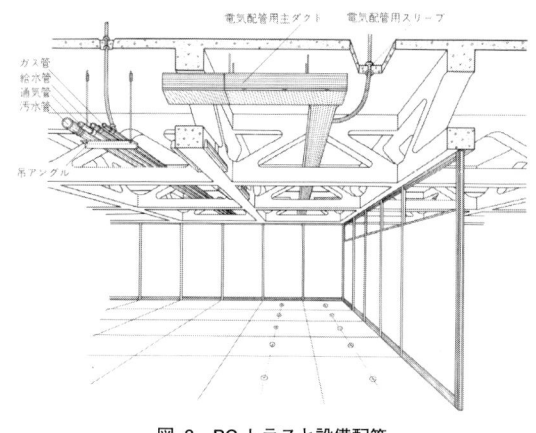

図-3 PCトラスと設備配管

プレキャストトラス部材の製作は，現場の敷地状況，運搬状況などから，工場製作ではなく現場内に製作ヤードを仮設して行っている。

5．おわりに

PCトラスによる格子構造によって，比較的軽量で自由な空間が作られた。

◎出 典
1) 「プレストレストコンクリート造の設計と詳細」，彰国社．
2) "国際キリスト教大学基礎理学本館PCトラスばりの設計および工事報告" プレストレストコンクリート，Vol. 9, No. 3, 1967.

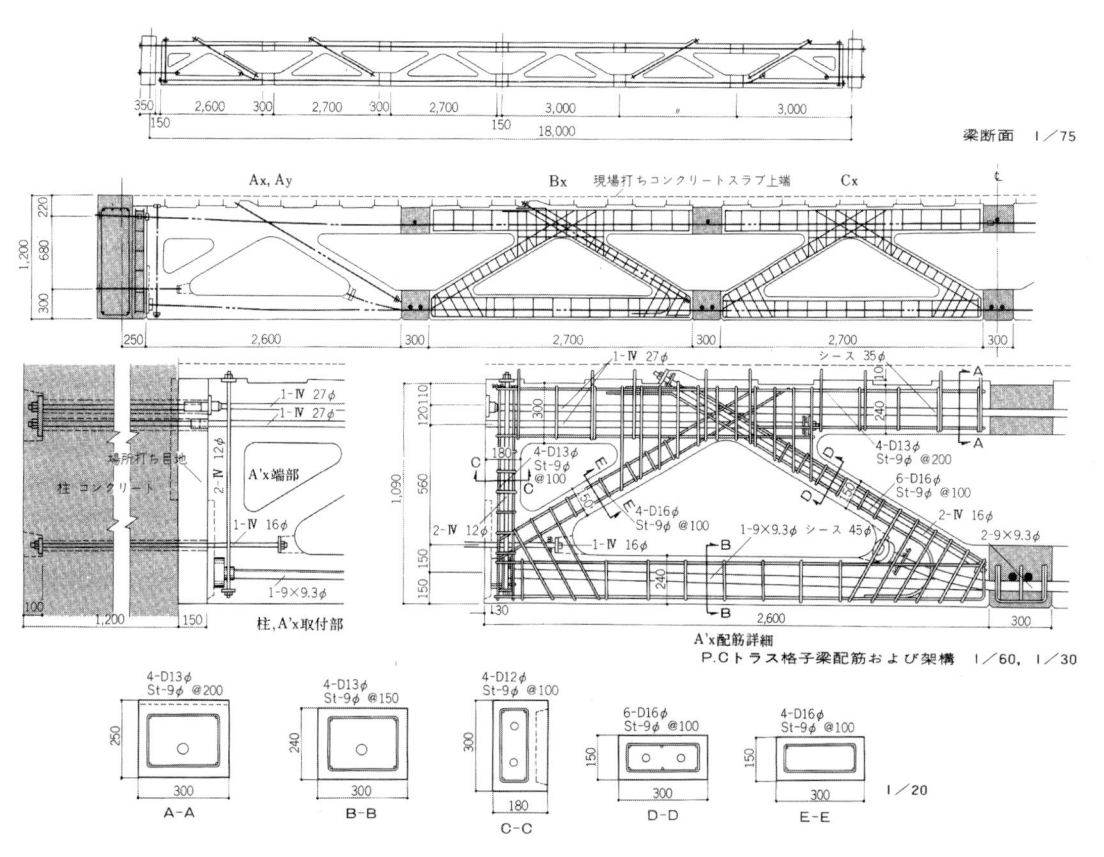

図-4 PCトラス格子梁配筋および架構

013 千葉県立中央図書館

● プレグリッド・システムによる格子梁

● 1968年竣工

1．はじめに

千葉市の中心部，千葉県庁の南側にある亥の鼻公園が「千葉文化の森」として千葉県により計画され，図書館・文化会館・聖賢堂が建設された。図書館（**写真-1**）に採用された「プレグリッド・システム構造」は，2方向に自由な広がりをもつ構造であり，グリッドのデザインは，意匠的にも生かされている。

2．工事概要

建物名称：千葉県立中央図書館
所 在 地：千葉県千葉市場町26
発 注 者：千葉県
用　　途：図書館
設計監理：大高建築設計事務所
　　　　　木村俊彦構造設計事務所
施　　工：戸田建設
PC 施工：オリエンタルコンクリート
構造規模：PC造およびRC構造
　　　　　地上3階，地下2階
延床面積：4 560.2 m²
工　　期：1967年4月〜1968年6月（15ヵ月）

3．構造概要

本建物は，プレグリッド・システムとよばれる十字型プレキャストコンクリートユニット（以下PCaPCユニット）による格子梁構造を採用している（**図-1**）。十字型PCaPCユニットの配列により，二方向に床を展開することが可能であり，そのおのおのは，断面の密実さによって何種類かの構造的に性能の異なるユニットになっている。柱は，グリッドのますの中央に位置し，柱頭の十字型PCaPCユニットによって，4個のユニットを支持している。グリッド単位は2.4 mとし，柱の支点間距離は最大4グリッド（9.6 m）とした（**図-2**）。支持点との位置関係や支持すべき荷重に応じて，格子梁の応力が変化する。これに対し経済性を考慮し，梁の外形を一様として共通の型枠を使用し，内部空隙率を変化させ，鋼棒やストランドの本数も段階的に区分した（**図-3**）。

写真-1　全景

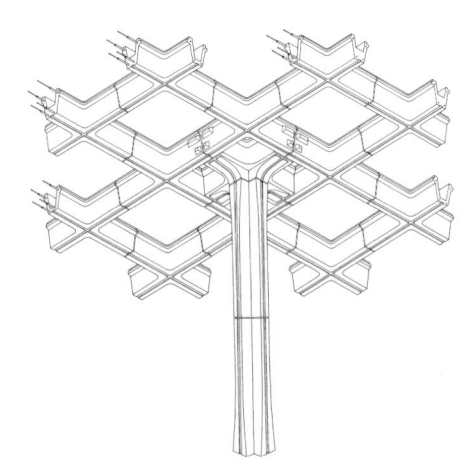

図-1　プレグリッド・システム

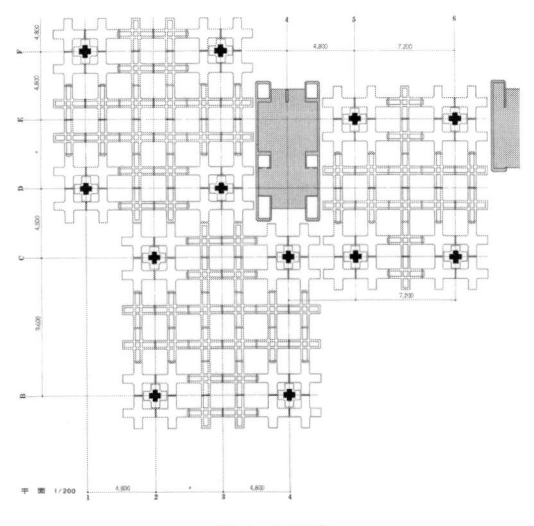

図-2　平面図

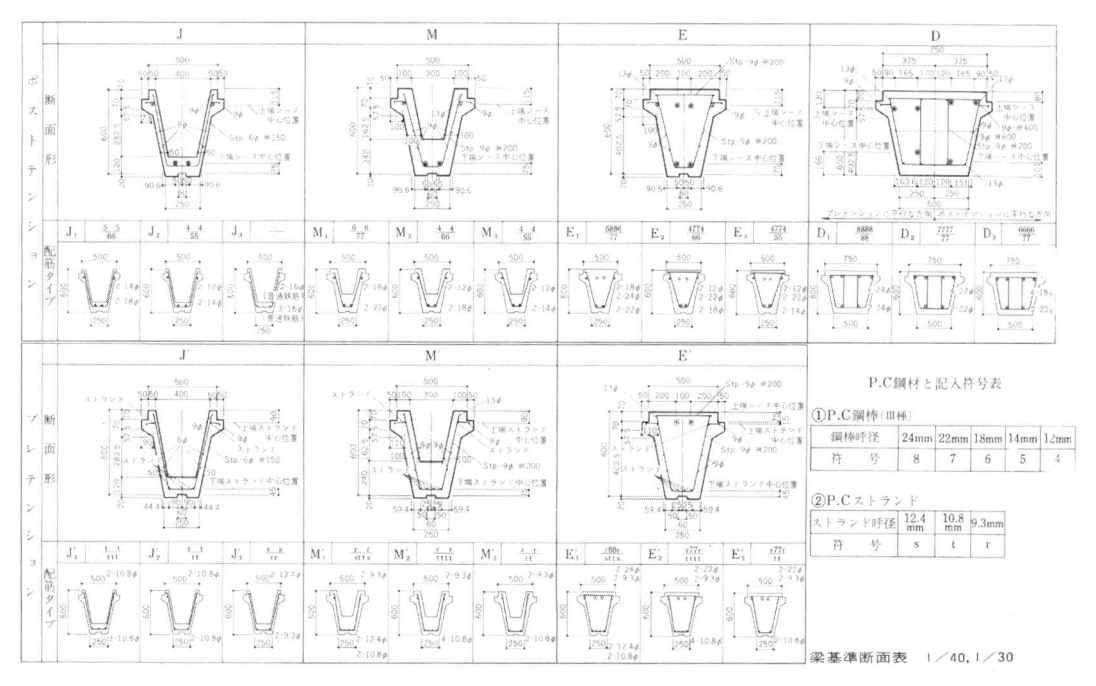

図-3 PC格子梁リスト

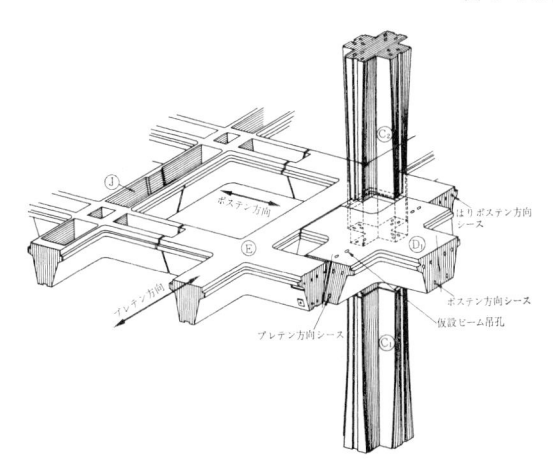

図-4 柱部分見取図

写真-2 十字型PCaPCユニット架構状況

4. 施工概要

個々の十字型PCaPCユニットを現場で架設・接合するのでは接合箇所が多く、しかも二方向に鋼棒を通さなければならないので施工が困難になる。そこで十字型PCaPCユニットを工場で一方向にならべて連続十字型にし、これをプレテンション構法によって、一列の部材とする（**写真-2**）。この連続十字型ユニットを現場に搬入し、あらかじめ柱から柱へ吊り渡された二列の鉄骨仮設梁の上に設置する。

床組の目地詰め完了後、直交方向にPC鋼棒を挿入して緊張を行う（ポストテンション工法）と、二方向の格子構造が完成する（**図-4**）。スラブは梁と分離して組みあがった格子の上に後から並べる。スラブパネルをグリッドから分離することによって、グリッドの製作単位はより軽くなる。また、床に吹抜やトップライトなどを任意に作れるので意匠計画に自由な幅を与えることができる。

このシステムは佐賀県立博物館（設計：内田祥哉＋第一工房）、EXPO'70メインゲート（設計：大高建築設計事務所）で用いられた。

◎出 典
1) "プレグリッド・システムの構造"、プレストレストコンクリート、Vol. 10, No. 4, 1968.

014 平和島競艇場第三スタンド

● 片持式 PC 構造のスタンド

● 1968 年竣工

1．はじめに

平和島競艇場第三スタンドの工事は，増加する観客に対するサービスから立案され，土地の高度利用，空気調節の必要性，美観，観客席という特性などの条件からスタンドを3層とし，前面に柱を設けない片持式のPC構造が採用された。構造のバランスを考慮して柱はA字形のラーメン構造とした。

2．工事概要

建物名称：平和島競艇場第三観覧場
所 在 地：東京都大田区平和島1番地
発 注 者：平和島
用 途：スタンド
設計監理：田中建築設計事務所
　　　　　オリエンタルコンクリート
施 工：西松建設
PC 施工：オリエンタルコンクリート
構造規模：PC造およびRC造　4階
建築面積：1 426 m^2
延床面積：4 700 m^2
工 期：1968 年 2 月～1968 年 12 月（11 カ月）

3．構造概要

建物は，図-1に示すように，A字形ラーメン柱とPC片持ち梁からなる。桁行き方向は，5.50 mの10スパンである。PC梁は変断面で柱に剛結され，柱も下側に向かって断面を変化させたRC造である。PC鋼棒配筋図を図-2に示す。

写真-1 全 景

使用材料
　コンクリート：F_c =350 kgf/cm^2（PC）
　　　　　　　　F_c =180 kgf/cm^2（RC）
　鉄　筋：SD 30，SR 24
　PC 鋼材：9-9.3 ϕ ストランド
　　　　　　Ⅳ種 PC 鋼棒 ϕ 27
　　　　　　Ⅲ種 PC 鋼棒 ϕ 27
　　　　　　Ⅲ種 PC 鋼棒 ϕ 18

4．施工概要

本工事は，場所打ち一体式のPCおよびRC併用構造であるため，PCケーブル組み込みなどを除くと，一般のRC造ととくに変るところはない。施工的にはA形ラーメン柱を境に前面スタンド側スラブが各階とも12～18度程度の傾きをもっており，そのため型枠，鉄筋，コンクリートなどが前方に押し流されるような状態で施工しなければならないという条件がある（写真-2, 3）。

PCケーブルは，9.3 ϕ ストランド9本束からなり，現場においては，発注先の工場で注文の寸法に切断，搬入されたケーブルを用いることができた。シースはフレキシブルシースを用い，保持間隔を約1.5 mとした。PC大梁側をデッドアンカーとしたため，ストランドを扇形状に分散させ約1.5 mの埋め込み長をとった。また，図-3に示すように13 ϕ のスパイラル筋を配置し割裂に対する補強を行うと同時に定着力の低下を防いだ。

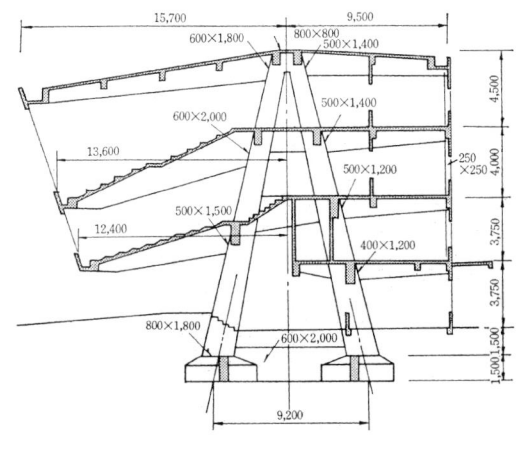

図-1 構造概略

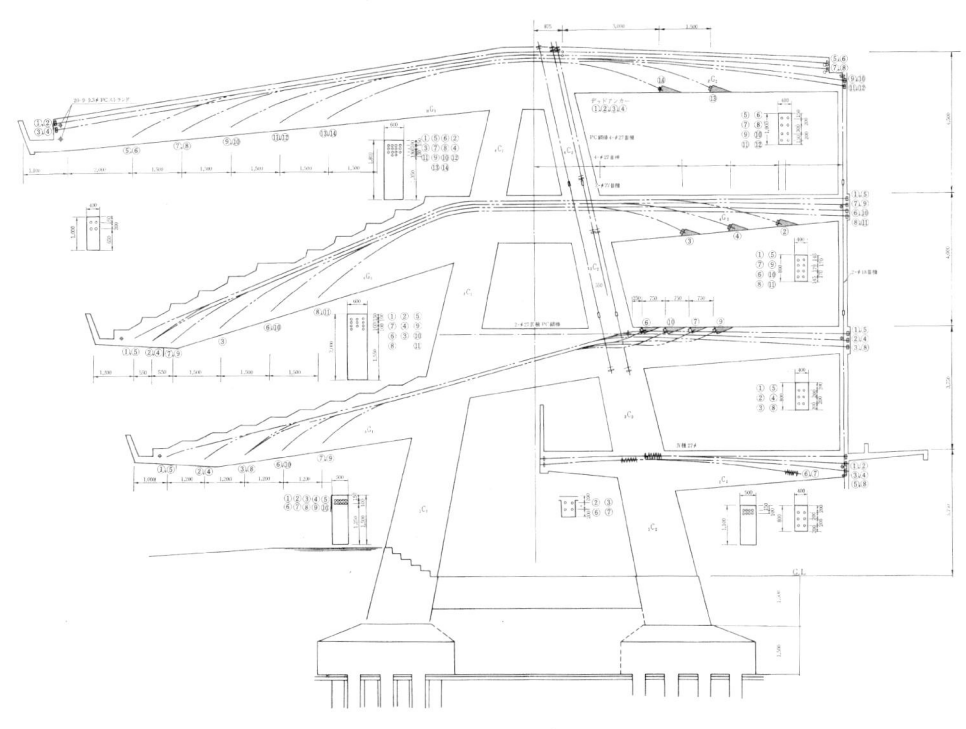

図-2 PC鋼材配線図

写真-2 前面スラブ配筋状況

写真-3 コンクリート打設状況

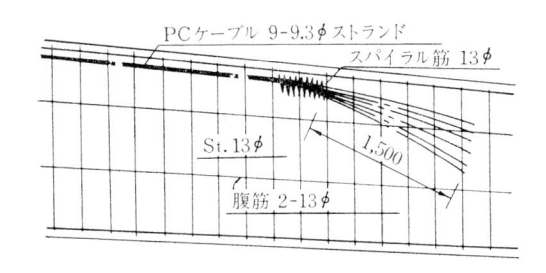

図-3 デッドアンカー部詳細図

　PC大梁は桁行き方向に 5.50 m 間隔に 11 本ならんでいるが、緊張は各梁の全ケーブルの 1/3 ずつを片押しで進め、これを繰り返した。コンクリート打設後、導入強度（300 kgf/cm^2）に達するまでの期間は 7〜8 日を要した。

　設計上とくに注意を払った点は、PC大梁の先端のたわみに関する点であり、大梁の高い曲げ剛性を確保した。たわみ測定結果は、許容値内であった。

◎出　典
1) "平和島競艇場第三スタンドの設計と施工について"、プレストレストコンクリート、Vol. 11, No. 2, 1969.

015 岩手県営体育館

- 吊屋根構造
- 1969年竣工

1．はじめに

岩手県営体育館の屋根部分は本格的な吊屋根構造を採用している（**写真-1**）。この構造はメインアーチ（SRC），リングアーチ（RC造），タイビーム（PC造），吊屋根板（緊張力導入），スタンド（RC造）に大きく分けられ，各部分がそれぞれ力学的にバランスがとれるように設計されている。地中のPCタイビームが120mの長さを有しており，メインアーチとリングアーチから流れる力に抵抗する。施工手順においては，先ず吊ロープと押さえロープを張り，そのます目の間にプレキャストコンクリート板をはめ込み，屋根板を構成するようになっている。**図-1**に屋根部分の構造を示す。

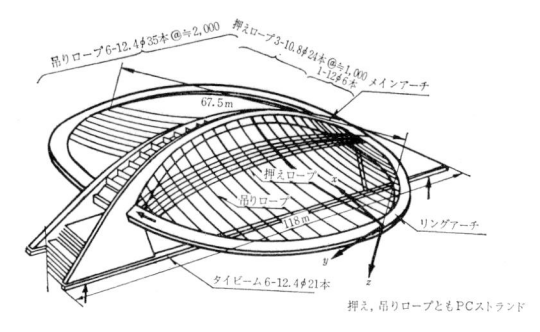

図-1 屋根部分の構造

2．工事概要

建物名称：岩手県営体育館
所 在 地：岩手県盛岡市青山2丁目
発 注 者：岩手県
用　　途：体育館（室内競技全般）
設計監理：日本大学理工学部斉藤研究室
施　　工：鹿島建設
構造規模：PC平屋構造（吊屋根）
　　　　　固定席2000席，集会時5000席
工　　期：1969年竣工

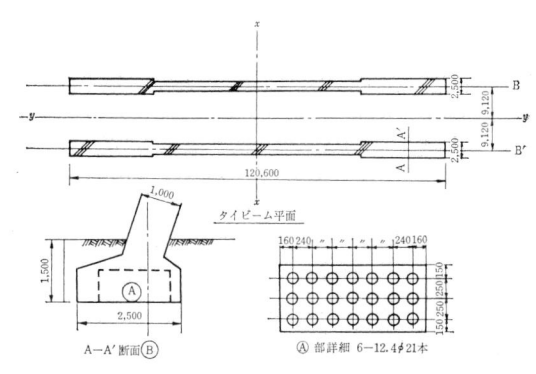

図-2 タイビームの断面および配筋

3．構造および施工概要

この建物は左右対称であるため，施工においては荷重が偏在しないように常に力の流れを把握し，なるべく対称に施工することが要求されている。

① タイビーム：メインアーチおよびリングアーチから伝達される水平力に対処するため，PCタイビームが設けられている。両アーチからの合力が大きいため，タイビーム一断面あたり6-12.4φの

写真-1 岩手県体育館

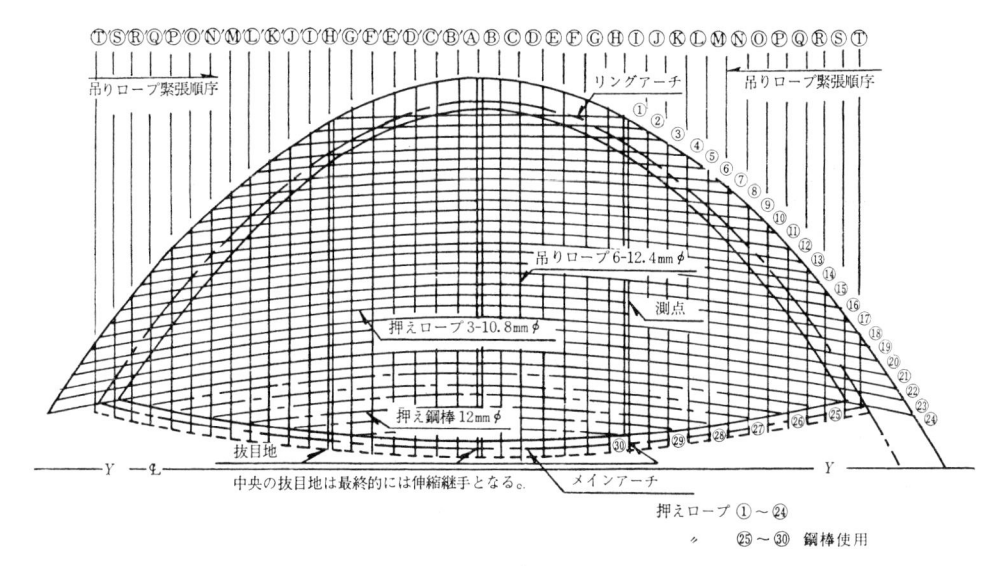

図-3 ロープの配置

PCケーブル21本が配線されている。図-2にタイビームの断面と配筋を示す。PC鋼線の緊張に関しては，タイビームの支持状態をローラー支持とし，タイビームのコンクリート強度が所定強度に達してから，一度にすべてのケーブルを緊張した。

② 吊屋根板：吊屋根板はサスペンション構造にシェルを加えた特殊な構造になっている。このシェルはSRC造のメインアーチとRC造のリングアーチに支えられている。屋根形状はX，Yの2方向ともわん曲しており，その曲面をメインアーチ，リングアーチが横切った形になっている。また，温度変化による影響を低減するため，シェルの中央には伸縮継手を設けている（図-3，写真-2）。

③ 吊ロープ：吊ロープは構造上のメインロープであり，その配置場所および緊張力の大きさは屋根面の剛性が大きくなるように決められた。ここでは，吊ロープとして6-12.4φのPCストランドが使用されている。施工中，吊ロープの高低差の調整を考慮して，定着金具として，リングアーチ側には微調整可能なフイッチング定着を使用し，アーチリング側にはくさび定着を使用した。

④ 押さえロープ：押さえロープはフラッタリングに対処するためと，屋根面をなめらかな形に形成する役割を果している。リングアーチの間に張られる押さえロープは3-10.8φのPCストランドが用いられている。一方，アーチの形状から，メインアーチからメインアーチに張渡される押さえロープは12φのPC鋼棒を使用した（図-3）。

吊ロープは約2.0mの間隔にメインアーチからリングアーチ間に張られ，押さえロープはそれに直交し

写真-2 吊屋根板配置状況

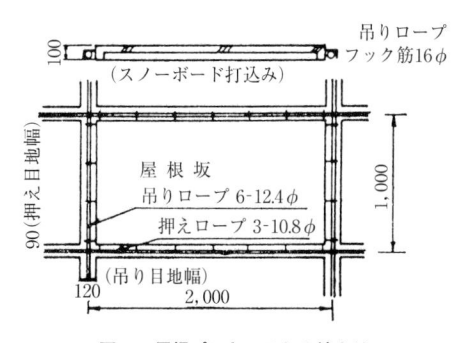

図-4 屋根プレキャストの納まり

て約1.0m間隔に張られている。その直交したロープのます目の中にプレキャストコンクリート板1枚がはめ込まれるようになっている（図-4）。

◎出 典
1) "岩手県営体育館の吊屋根構造の施工について"，プレストレストコンクリート，Vol. 10, No. 5, 1968.

016 栃木県庁議会棟

- 大規模プレキャスト PC 建物
- 1969 年竣工

1．はじめに

栃木県庁議会棟は県庁舎の増築に際し新築されたもので，県議会の議場を中心として 2 層の事務棟と，その他の関連諸施設の建物が議場を三方向から囲む構成になっている（**写真-1**）。議場と事務棟は 1，2 階の大部分をピロティーとし，市民広場の延長となっているために，建物は空中に支えられる形になっている。議会棟の構造躯体はポストテンションあるいはプレテンションによる PC 部材によって組み立てられ，床スラブ，腰壁，パラペット等にもプレキャストコンクリートが用いられている。

2．工事概要

建物名称：栃木県庁舎増築工事（議会棟）
所 在 地：栃木県宇都宮市県庁構内
発 注 者：栃木県
用　　途：議会
設計監理：大高建築設計事務所
　　　　　木村俊彦構造設計事務所
施　　工：鹿島建設
PC 施工：黒沢建設
構造規模：SRC，RC，PCaPC 造　3 階
延床面積：4 248 m²
工　　期：1968 年 1 月〜1969 年 9 月（21 カ月）

3．構造概要

図-1 の平面図に示すように，議場を囲んで S，E，N の 3 棟の事務棟が配置されている。議場は 8.4×6.0 m スパンで高さ 10 m の RC 造架構の上にあり 16.8×28.0 m，高さ 7〜14 m の RC 造架構で補強された壁で囲まれた空間で，屋根には 16.7 m スパンの PC 造 I 型梁（梁せい：600 mm）が架けられている。S，E，N 棟は高さ 11 m の SRC 架構 2 列に対して 2 層の PC 架構が 2.4 m ピッチで架けられている。**図-2** に建物の断面を示す。

写真-1　栃木県庁議会

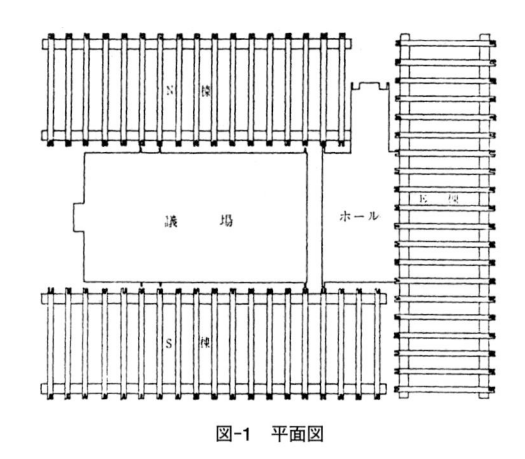

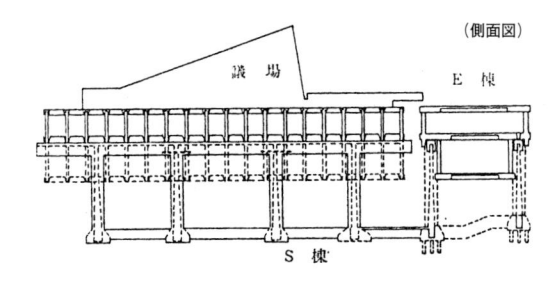

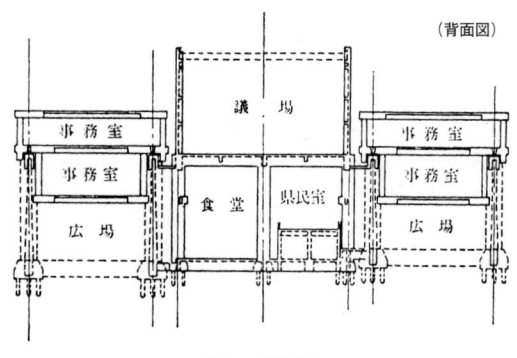

図-1　平面図

図-2　断面図

4. 施工概要

(1) 部材の組立

議場部分を取り囲む3つの事務棟は，**図-3**に示すとおり，先に高さ11.0mのSRC架構を平行に2列制作し，これにPC部材を組み立てて形成されている。すなわち，3階となる空間はこのSRC架構の上に載せ，2階となる空間はこの架構から吊り下がっている。

PC部材の組立については，先ずSRC架構の上に3階の床となる梁（PG3，間隔2.4m）を掛け渡す。そしてこの梁から2階を形成する柱PC2を吊り下げ，3階についてはPC3を立ち上げ柱とし，このPC2，PC3をそれぞれPG2，PGRで結んで，2層の単位架構が構成される。さらに，この単位架構をそれぞれつなぎ梁PL2，PLRを用い，2，3階を構成する立体架構を完成させる。

2，3階の床を構成するPG2，PG3はプレキャストパネルであり，プレストレスを入れていない。ただし，各部材間の接合には，PC鋼棒を用いたプレストレスによる圧着工法を採用しているため，このPC鋼棒だけは部材に挿入されている。

(2) 接合部

本構造のもう一つの特徴はプレキャストPC部材とSRC部材との接合である。つまり，主構造であるSRC架構の梁に2，3階の柱を取り付ける。架構の視覚効果を考慮して，部材をその軸と直角の方向で切断したものを単位部材として，これを直列に並べて軸方向に圧着することになった。接合の詳細を**図-4**に示す。

(3) プレキャスト部材の搬入および架設機械

部材の製作現場は建設地より6kmの場所にあるため，毎日8tf，合計2500tfに及ぶプレキャスト部材の搬入も大きな問題であった。もっとも重い部材（8.1tf），もっとも長い部材（16m）の運搬はポールトレーラー（最大積載量20tf）を用いた。柱など小さいプレキャスト部材は6〜8tfのトラックを使用した。PC梁を組み立てるため，大型クレーンを用いた。架設の順序は，敷地内での機械の能力，移動性を考慮して，議場の屋根を架設した後，S，E，N棟とした。

5. おわりに

栃木県庁議会棟は，SRC，RCおよびPCの3種類の異なる構造部材を有効に使用し，プレストレスによって組み立てられ，一体化された構造である。PC梁，床スラブ，腰壁およびパラペットなどの部材がプレキャスト化し，施工期間が著しく短縮されている。

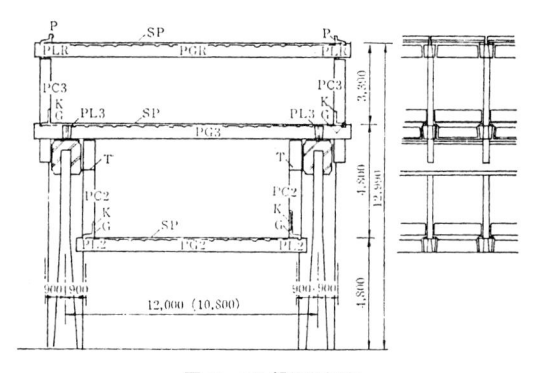

図-3 PC部位の組立

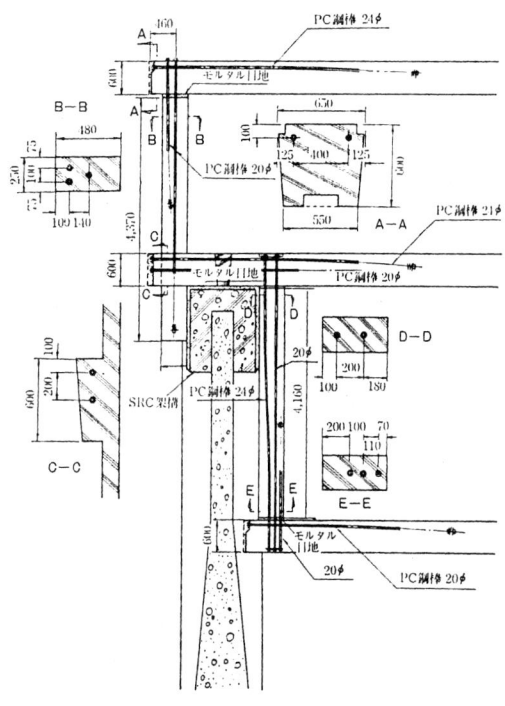

図-4 プレキャスト接合部

◎出 典
1) "栃木県庁議会棟の構造設計とその施工について（その1）"，プレストレストコンクリート，Vol. 11, No. 5, 1969.
2) "栃木県庁議会棟PC組立について"，プレストレストコンクリート，Vol. 12, No. 4, 1969.

017 中央鉄道病院（JR東京総合病院）
● 大臣認定取得高層PC建物
● 1970年竣工

1．はじめに
　中央鉄道病院は低層の外来診療棟，中央診療棟および高層の病棟部で構成されている（**写真-1**）。このうち外来診療棟は機能上から長スパン化がはかられ，また病院特有の設備配管ダクトによる梁せいの制約や経済面から，短辺方向はPC造，長辺方向はRC造併用の現場打ち一体式ポストテンション多層ラーメン構造を採用した。この建物は建設当時PC建築物として建築基準法に定める16mを超えており，建設大臣の認定による構造審査を受けた。

2．工事概要
　建物名称：中央鉄道病院
　所 在 地：新宿駅南口
　発 注 者：日本国有鉄道
　用　　途：病院
　設　　計：国鉄東京建築工事局
　　　　　　交通建築設計事務所
　監　　理：国鉄東京建築工事局
　構造規模：RC，PC併用ポストテンション多層
　　　　　　ラーメン構造
　　　　　　地下1階，地上5階，軒高21m
　施　　工：大成建設，間組，鉄建建設
　PC施工：オリエンタルコンクリート
　延床面積：8 278 m^2
　工　　期：1967年12月～1970年3月（28カ月）

写真-1　全景

3．構造概要
　建物の平面配置を**図-1**，断面を**図-2**に示す。3スパンを有する短辺方向において，中央スパンの長さは6.3mであるが，外側の2スパンはいずれも12.6mを有するため，PC梁を配置することにした。一方，6スパンを有する長辺方向のスパン長はすべて7.2m

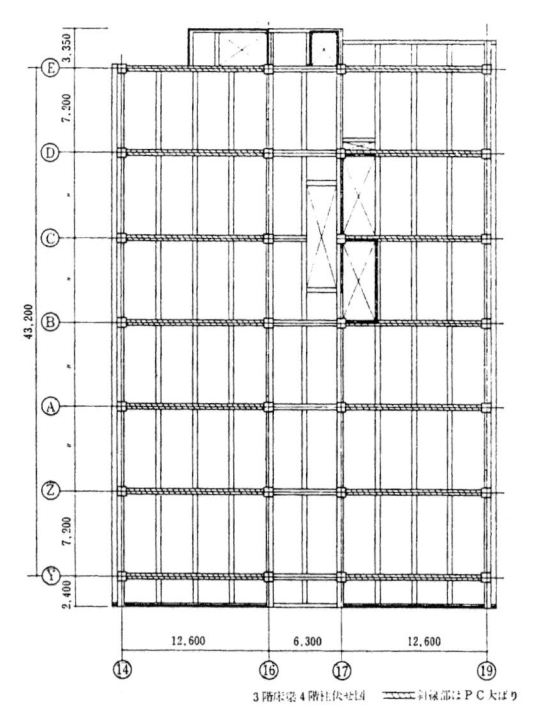

図-1　平面図

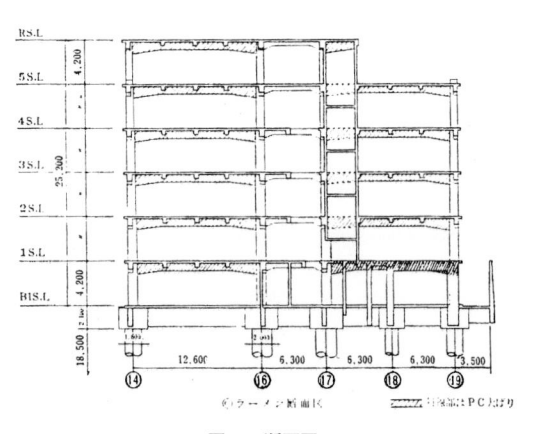

図-2　断面図

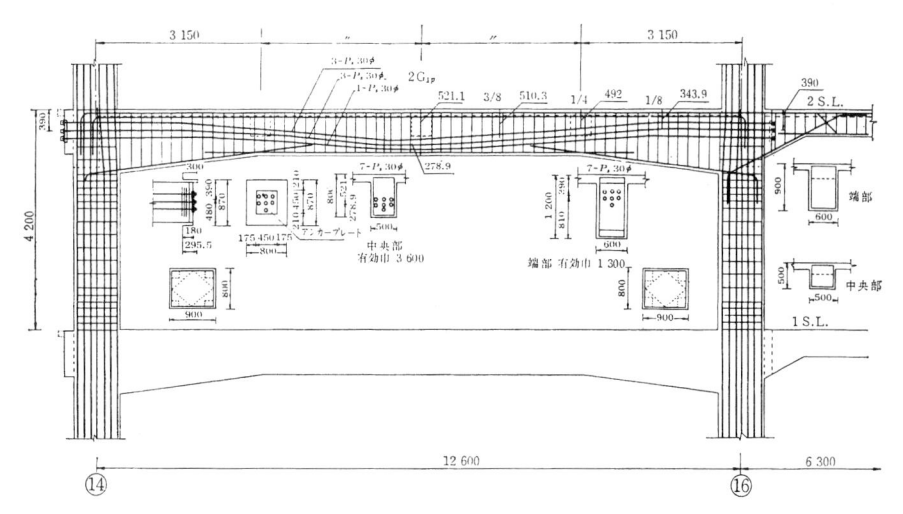

図-3 PC鋼棒の配置

で短いため，RC造とした。

プレストレスの導入による不静定応力の影響をなるべく少なくするために，短辺方向ラーメンにおいては，PC造とする両外側スパンを独立してコンクリートの打設を行い，硬化後にプレストレスを導入し，それに伴う2次応力を考慮した設計を行った。残りの中央スパン部分は後打ちRC造とした。

設計上の対策としては，以下の点を考慮した。
① T型梁の有効幅：先に行った実験の結果を参考として有効幅を決めた。
② 曲げ破壊安全度：不静定2次応力の不確定性を考慮して，変動幅20％を加算して曲げ破壊安全度を検討した。
③ せん断補強：地震時におけるPC梁の最大せん断耐力として$1/8 F_c$を用いて検討を行い，安全性を確かめた。
④ 耐火性：緊張材の耐火性を確保するため，5cm以上のかぶりを取った。

4．施工概要

(1) コンクリート

圧縮強度$F_c = 350 \text{kgf/cm}^2$の高強度コンクリート（当時）を用いた。プレストレスの導入時におけるコンクリートの強度を$F_7 = 300 \text{kgf/cm}^2$とした。コンクリートの打設は，型枠内部，外部とも振動機を使用し，シースの破損および角度変化，打継ぎ，型枠片寄りなどのないよう細心の注意を払った。

(2) PC鋼棒

PC梁に鋼棒（4種φ30mm）を用いた。その理由としてはPC鋼棒が高い降伏強度を有し，伸びが充分大きく，リラクゼーションが少ないためである。また，施工面のメリットとしては，緊張工事の作業がきわめて容易であり，滑りがないので伸びの検出が正確になり，所定の導入応力を確実に付与することができる。PC鋼棒の配置を図-3に示す。

(3) 緊張工事

梁のPC鋼棒にセンターホールジャッキ（70tf用）のロッドを先端ねじ部に取り付け，キャリブレーションを実施した油圧ポンプでプレストレスを与える。ねじ加工分は鋼棒の1.5倍（45mm）以上とした。

(4) グラウト施工

PC鋼棒の腐食を防止し，シースと良好に付着させるため，ミキサーによる充分に練り混ぜた品質のよいグラウトをシース内に充てんした。

(5) ピア基礎

直径2.0m，長さ18.5mの場所打ちコンクリート杭を用いた。施工においては，杭は全長ケーシングを挿入し，砂礫層（$N = 50$以上）で支持した。この工法は，大口径の杭工事としては当時において珍しかった。

5．おわりに

この建物を建設した当時，高さ16mを超えるPC建築物は建設大臣の認定が必要であったが，1973年の建設省告示によりこの高さ制限が撤廃された。ある意味では，この建物は高さ制限の撤廃への実績作りとPC構造の普及のための一翼を担った建築物であるといえる。

◎出 典
1) "中央鉄道病院PC建物の設計施工について"，プレストレストコンクリート，Vol. 13, No. 1, 1971.

018 津市民プール上屋

- 場所打ちPC格子梁による大空間構造
- 1973年竣工

1．はじめに

　三重県津市民プールは，市体育施設の一環として立案され，その意匠上および機能上，少数の柱で構成する大屋根をもっている。

　建物は，25m温水プールとその管理棟をおおう27×54mの格子骨組をもつ大屋根で，平面図および断面図は図-1および図-2に示す通りである。

　計画当初，鉄骨造が有力であったが温水プールという用途上の欠点や，意匠上の問題などでコンクリート構造が要求された。これについてプレキャスト案なども検討されたが，一体化することが難しく，この架構，規模からみて，その応力や変形などに有効に対処できる構造として，格子骨組にプレストレスを導入した場所打ちPC造が採用された。

2．工事概要

　建物名称：津市民プール上屋
　所 在 地：三重県津市大字殿村
　発 注 者：三重県津市
　用　　途：プールおよび付帯施設
　設計監理：鎌田建築設計事務所
　施　　工：鴻池組
　PC 施工：オリエンタルコンクリート
　構造規模：PC造平屋
　建築面積：2 159.3 m²
　工　　期：1973年竣工（PC工事3カ月）

3．構造概要

　PC大屋根は，伏図（図-3）に示すように4.5m間隔で格子に組まれたPC小梁とスパン各27mをもつX方向2スパン，Y方向1スパンのPC大梁で構成されており，上下・左右に対称である。PC大屋根を支持する各柱は，柱頭ピン柱脚が剛性の高い地中梁で結ばれた十字型断面の柱であり，柱以下の下部構造はRC造である。

　プレストレスによる応力は，上部構造支点がピンであるため，梁に起る不静定モーメントが柱に伝わらず，一体式ラーメンのように必ずしも不静定モーメントを取り出して算出する必要がないので，不静定モーメントを含んだプレストレスによる合成応力を求めている。これは，各格子節点においてプレストレスによる両方

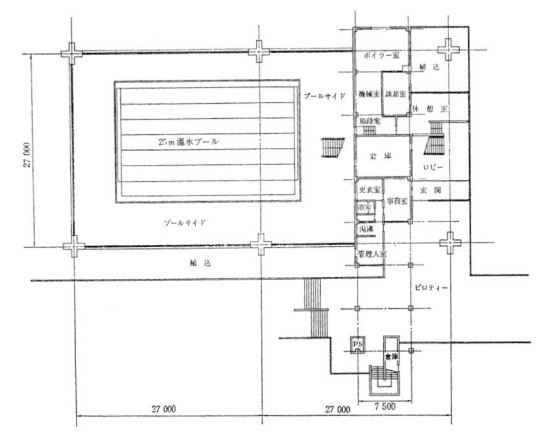

図-1　1階平面図

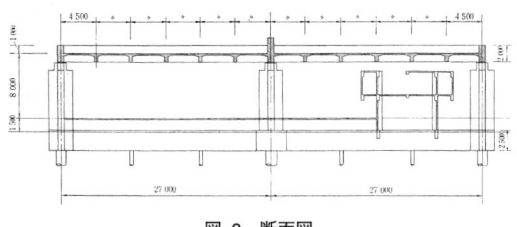

図-2　断面図

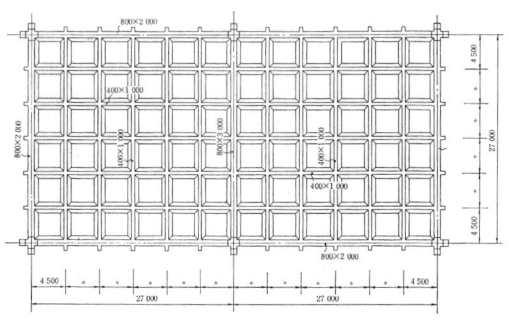

図-3　梁伏図

向の上向反力の合力を算出し，鉛直荷重の応力解析と同じ方法で解いている。

　なお，上向反力は次のように算出した。2スパンの大梁について，PCケーブル配線状態は図-4(a)のようになり緊張力は材軸に沿って変化し，また断面図心も梁端部で変化している。このため断面を4.5m間隔に区切り，その節点における緊張材の偏心によってのみ生じた静定モーメントを求めると，図-4(b)のよ

うになる。このモーメント図からせん断力図は同図(c)のようになり、さらにこのせん断力図からせん断力に相当する上向反力は同図(d)のようになる。1スパン小梁についても同様にして求め、また大梁の場合も支点条件が変っているだけなので同様にして求めている。

使用材料
　　コンクリート：$F_c = 400\,\mathrm{kgf/cm^2}$
　　PC鋼材：9-9.3φストランド
　　　　　　8-12.4φストランド
　　鉄筋：SD 390
　　　　　SD 295

4．施工概要

施工的には、PCケーブルが各格子節点で直交しているため、配線作業において一般の一方向配線と異なり煩雑さを加えている点がある。

PC鋼線の緊張については、設計上全プレストレスが同時に導入されることを前提としているため、局部的に緊張することは避けねばならない。応力や変形のかたよりのないよう緊張計画を検討し、**図-5**のように両方向について各緊張を2～4回に分けて行った。所定緊張力導入の確認は、油圧ポンプのマノメーターの読み、およびPCケーブルの伸び量でチェックした。

また、短辺方向小梁については片引き緊張としたが、くさび形式のOBC定着装置では、セット量を考慮すると両端部はほぼ同じ導入力が得られる。

なお、緊張はコンクリート強度320 kgf/cm²で行ったが、冬期のため打設後9日を要している。

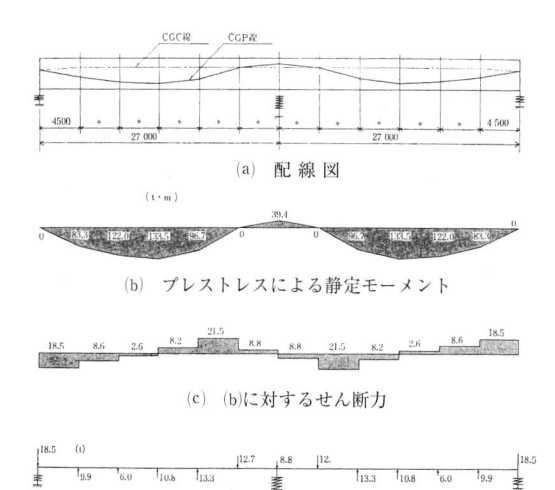

	長辺方向		短辺方向	
緊張量	大ばり	小ばり	大ばり	小ばり
5/6	12	1	10	9
4/6	8			
3/6		7	6	
2/6	4			5
1/6	1	3	2	

図-5　緊張順序

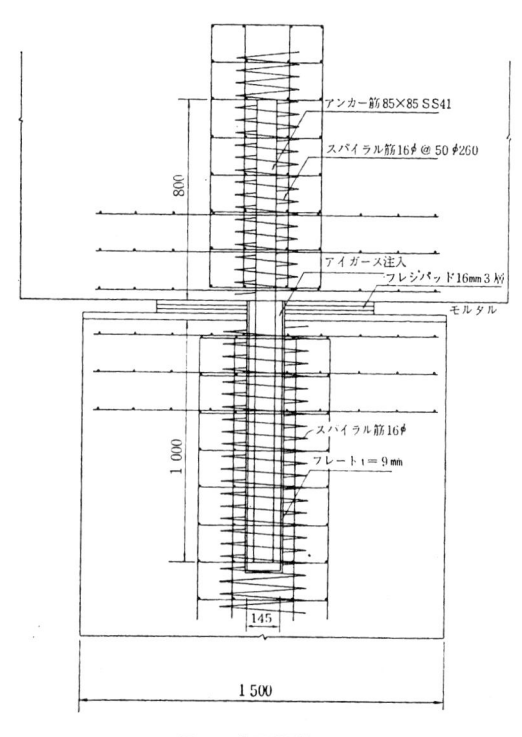

図-6　支承部詳細図

図-6に柱頭の支承部詳細図を示す。上部梁の伸縮を可能にするためのフレシパッドは、柱頭均しモルタルの上に、梁底型枠と同一面となるようにセットし、また、地震時のせん断力を伝達する鉄芯は、梁側で固定されており、柱側で可動させるため、9mmプレートの鉄心受けボックスを柱にセットし、これを鉄芯の間に所定の間隙をつくったのち防錆上アイガスを注入している。また、この鉄芯に16φスパイラル筋、かご鉄筋を配置し、割裂に対する補強を行っている。

図-4　配線図および応力図

◎出　典
1) "津市民プール新築工事の設計と施工"、プレストレストコンクリート・Vol. 15, No. 2, 1973.

019 福岡歯科大学
● 軒高 31 m を超える初の場所打ち PC 高層建築
● 1978 年竣工

1．はじめに

本建物は，福岡市郊外にある福岡歯科大学の敷地内に増設される実習室，講義室，研究室等の用途に使用される同大学の教育，研究棟屋である。

比較的大空間を必要とする用途の部屋があること，将来の用途変更，部屋割り変更の改造にも対応できること等の設計計画上の理由で長スパン高層構造が要求された。

当時，PC 構造は高層建築としての実績はきわめて少なかったが，SRC 構造よりコストが安価であったこと，スパンが 15 m と長スパンであったこと，さらに最新の研究成果により PC 構造の耐震強度が明らかにされたことなどから PC 構造が採用された。

したがって，設計に当ってはとくに構造を重視した立場で，地震時の安全性に注意を払って計画が進められた。地震時の検討では，弾塑性地震応答解析により強震時の建物の安全性の検討を行い，さらに当時建築学会より提案された「地震荷重第 1 案」による検討も合せて行われた。

2．工事概要

建物名称：福岡歯科大学
所 在 地：福岡県福岡市西区
発 注 者：福岡歯科大学
用　　途：実習室，講義室，研究室
設計監理：現代建築研究所
施　　工：熊谷組福岡支店
PC 施工：ピー・エス・コンクリート
構造規模：地下なし，地上 9 階，塔屋 2 階
延床面積：19 923.718 m²
工　　期：1977 年 7 月～1978 年 9 月（15 カ月）

3．構造概要

本建物は，図-1，2 に示すように地上 9 階塔屋 2 階，軒高は 41.75 m である。基準階のプランは，張間方向は中央スパンが 7.22 m であり，その両側はスパン 14.78 m の長スパンとなっている。桁行方向スパンは 4.2 m である。中央の短スパン部分には，H 形の耐震壁 3 組が配置されている。張間方向の長スパン梁にはプレストレスが導入されており，場所打ち一体ラーメン方式の PC 構造である。桁行方向は RC 構造である。

本建物の構造計画のうえでとくに気を付けた点は，次のような事項である。

① 建物の形状：地震時に建物が転倒したり，ねじれが生じないようにバランスのよい安定した形状とする。

② 耐震壁の配置：プラン上壁量があまり取れないため，耐震壁が効果的に効き，基礎が浮き上がり難いように建物の中央部にバランス良く配置する。

③ 柱・梁部材の配置と形状：すべての部材が曲げ破壊先行形の破壊形式になるように，各部材の細さ

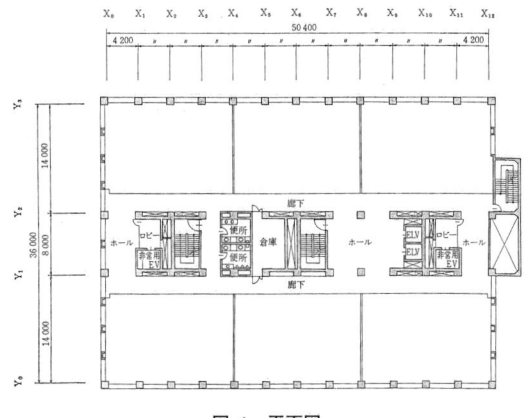

図-1　平面図

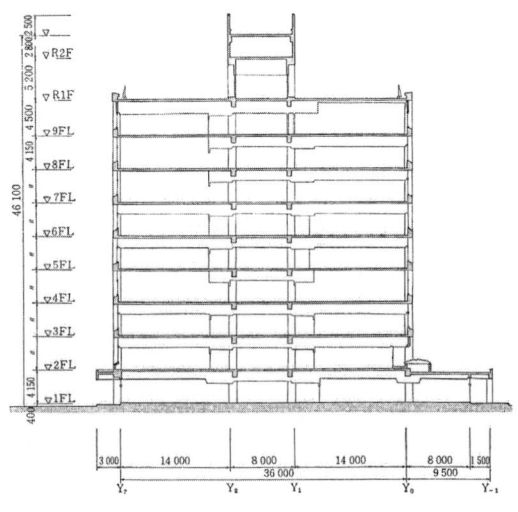

図-2　断面図

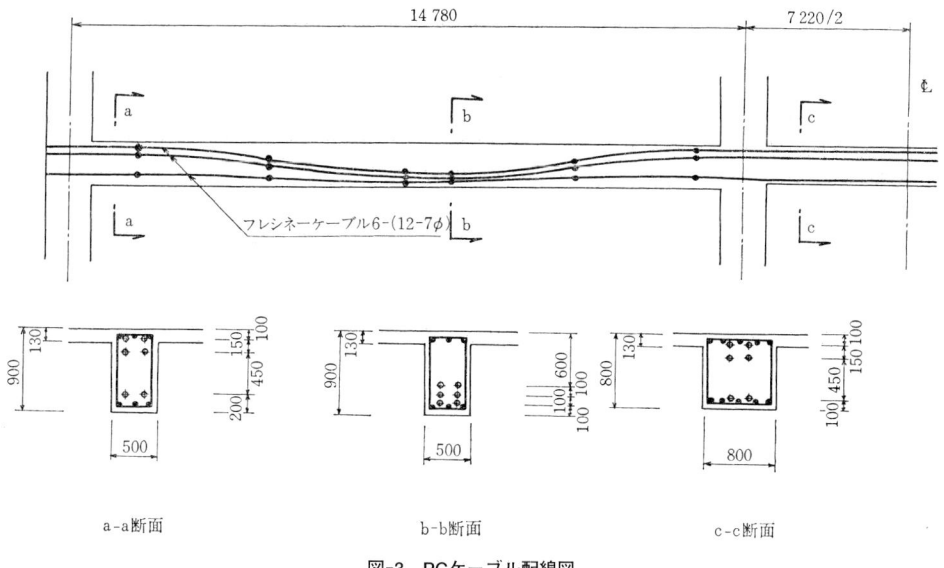

図-3 PCケーブル配線図

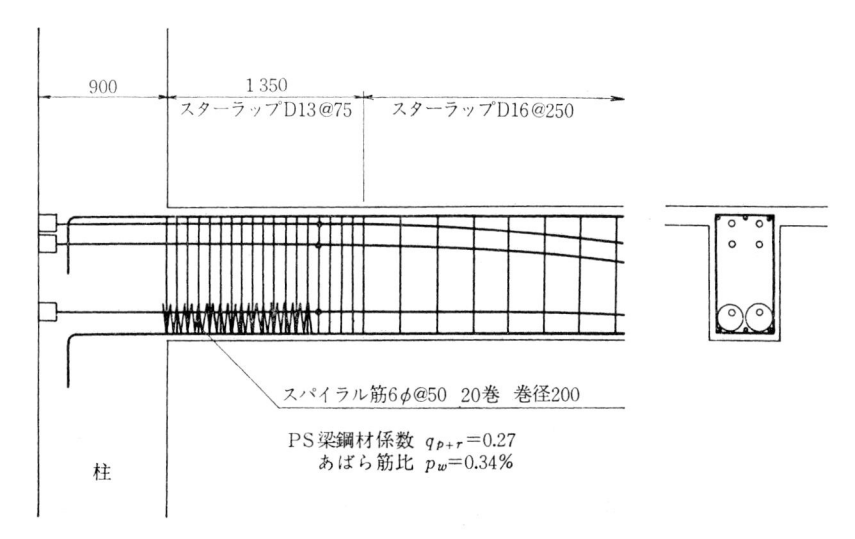

a-a断面　　　　　　b-b断面　　　　　　c-c断面

図-4 PC梁端部補強詳細

PS梁鋼材係数 $q_{p+r}=0.27$
あばら筋比 $p_w=0.34\%$

長さ比は1/3以下になるような断面形状とする。
　PC鋼線の配置は，**図-3**に示すようにフレシネーケーブル（12-7φ）6ケーブルを使用して，長スパン梁部分では左右対称形の曲線配置とし，短スパン梁部分では梁の図心近くに直線配置とする。
　本建物では，建物のじん性を高めるために，次のような考慮を行った。
① 柱のフープを角型のスパイラルフープとした。
柱フープは，メカニズム時の柱軸力による曲げ破壊耐力のせん断力まで十分補強した。
② 梁の両端部の曲げヒンジ部分に，圧壊を防ぐ意味でスターラップ補強した。さらに，PC梁についてはスパイラル筋補強を行った。（**図-4**）
③ 算定外の壁がラーメンに悪影響を及ぼさないように，縁切り，補強等の処置を施した。

◎出　典
1) "福岡歯科大学の設計について（PS高層建築の震動解析），プレストレストコンクリート，Vol. 20, No. 2, 1978.

020 近畿郵政局資材部倉庫

● アンボンド工法による最初の大型構造物
● 1980年竣工

1．はじめに

近畿郵政局資材部倉庫は，梁間方向18 m，2または1スパンのPC構造，桁行方向6 mスパンのアンボンドケーブル入りスラブをもった通常のラーメン構造22スパン，延べ長さ132 mという長大な建築物である。

図-1に示す配置図をみて明らかなように，東側以外は狭い道路に面して斜線制限を受けることや，区分・梱包・発送等の作業を行うという性格上，できるだけ低層で基準階の面積が大きい方が望ましいなどの設計条件を考慮して，建ぺい率の限度に近い形状となっている。

本建物の設計を行うにあたり，次の2点を配慮して設計を行っている。

① クラックがなく保守に手間のかからない建物をつくること：長手方向132 mということから，通常の構造形式では各部分のクラック発生を防止することは困難である。そこで，良質のコンクリートを使用し，かつ構造性状が明快なPC工法を採用するとともに，直交方向についてもアンボンドケーブルを使用したスラブとして全面的に圧縮応力を導入した。また設備配管類の躯体への埋設を原則として禁止する，外壁をすべてサッシ打込みのPC板とするなどの配慮をしている。

② 用途変更もありうることを考慮し，空間的にも構造的にも自由度の大きなものとする：アンボンドケーブル使用部分の床に将来開口部を設けられるのを避けるために北側の設備用スペースと考えられる部分を小梁で区切って在来工法の床としている。また倉庫内の貯蔵・運搬方式の変化で埋込みレールを敷設する場合，アンボンドケーブルを切断しないように60 mmの豆砂利コンクリートを含む仕上げしろを見込んで設計している。

2．工事概要

建物名称：近畿郵政局資材部倉庫
所 在 地：大阪市大淀区大淀中1丁目
発 注 者：郵政省
用　　途：倉庫
設計監理：郵政大臣官房建築部
施　　工：鴻池組大阪本店

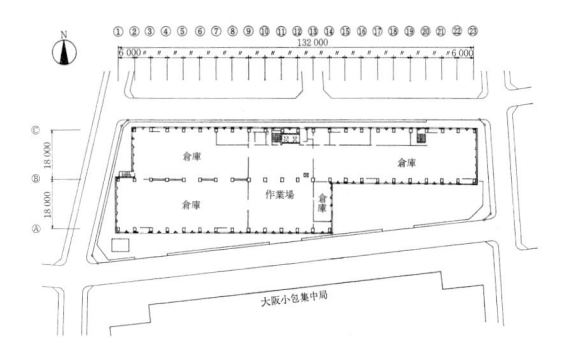

図-1　1階平面図

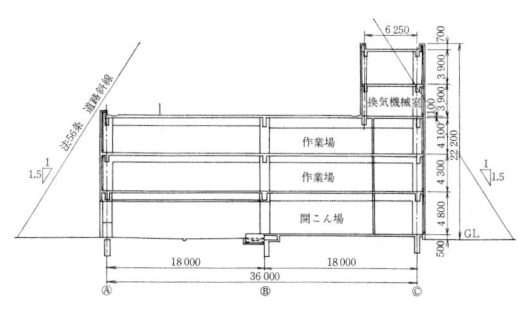

図-2　断面図

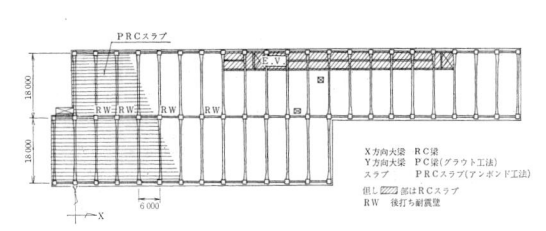

図-3　略伏図

構造規模：PC造3階
延床面積：12 000 m²
工　　期：1979年3月〜1980年9月（19カ月）

3．構造概要

略伏図を**図-3**に示す。また，使用材料は以下に示す通りである。

コンクリート：$F_c = 350$ kgf/cm²
鉄筋：SD 295，SD 345
PC鋼材
　大梁：PC鋼より線 SWPR19B
　　　　19本より　17.8φ

基礎梁：スラブ
　　　　　アンボンドPC鋼材
　　　　　SWPR7B
　　　　　7本より　15.2φ

(1) アンボンドPCを鋼材を用いた床版（PRC構造）の構造設計

断面設計は，日本建築学会編「プレストレストコンクリート設計施工規準」4編2節アンボンドポストテンション部材に準拠し，荷重釣合法により導入軸力および断面を検討している。

ケーブルの配置は施工性および床開口の可能性を考慮し，7本よりB-15.2mmを2本束ねで75cmピッチとする。図-4にケーブル標準配線図を示す。

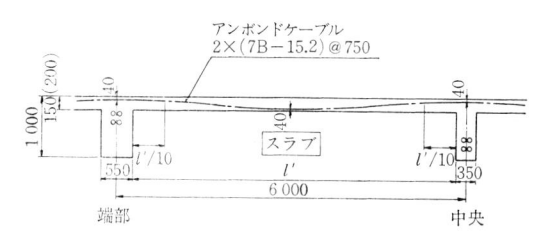

図-4　PRCスラブアンボンドケーブル標準配置図

(2) アンボンドPC鋼材を用いた地中梁（PRC構造）の構造設計

土間スラブを含む固定荷重のみを釣合荷重とし，積載荷重および水平荷重時応力は鉄筋コンクリート断面にて検討している。ケーブルの配置は3段2列の6本束ねとしている。

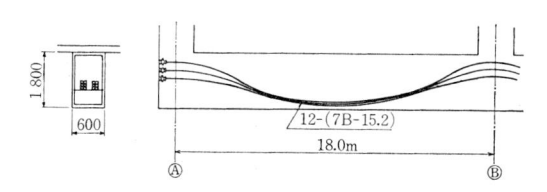

図-5　地中梁アンボンドケーブル標準配線図

4. 施工概要

設計・施工時点で本格的にPRC構造をスラブ・地中梁に導入した例がないため，設計・監理・施工の資料とするために，スラブアンボンドケーブル緊張試験を日本建築総合試験所で行い，各種データを得て設計監理・施工の両面に生かしながら工事を進めた。

以下にスラブアンボンドケーブルの施工順序を示す。

① スラブ型枠ができると，ケーブルおよびスペーサ位置を示す配線墨を打つ。
② スラブ下端筋配筋後，あらかじめ所定の長さに切断したアンボンドケーブルを引き込む。
③ 前工区ケーブル緊張後，接続具にて結線し，スペーサを入れ結束する。ケーブルは2本まとめて結束し，スペーサピッチは75cm前後とする。
④ コンクリート打設前に，表-1に示す事項をチェックポイントとして検査を行う。

表-1　配管・配線チェックポイント

1.	シースのレベルのチェック	梁型枠内セット後全数検査
2.	シースの破損・テーピング不足の有無	シースの取替え，テーピング
3.	アンボンドケーブルスペーサの確認	種類，位置
4.	アンボンドケーブルの通り	配線墨からずれているケーブルは通り直しを行う
5.	アンボンドブレースのポリエチレンシースの破損	ブラックテープにてテーピング
6.	定着具	正しい位置，納まりかどうか

⑤ 緊張は，現場水中養生強度300kgf/cm^{2}の強度発現および10日経過を確認した上で開始する。スラブ緊張は，大梁緊張完了後2段階で行い，徐々に圧縮力が躯体に導入されるようにする。
⑥ 導入力の管理は，ケーブルののび長さの測定およびコンクリートゲージ貼付・鉄筋計埋込みによる架構応力測定により行い，導入力を確認しながら工事を進める。ケーブルののび長さの測定法はマーキング法とし，摩擦係数試験およびスラブ緊張試験結果より管理値を決め，のび長さのチェックを行う。
⑦ 導入力確認後，速やかにケーブルをカットし，定着具に保護モルタルを詰め，完了とする。

◎出　典
1) "アンボンドケーブルを使用した倉庫の設計と施工（近畿郵政局資材部倉庫)"，プレストレストコンクリート，Vol. 22，No. 6，1980．

021 三井銀行豊中支店

● 国内初の大臣認定アンボンドPRC建築
● 1980年竣工

1. はじめに

本建物は、阪急豊中駅前に建設された銀行店舗である。大梁にアンボンド鋼材を使用し、PRC構造として設計している。

2. 工事概要

建物名称：三井銀行豊中支店
所 在 地：大阪府豊中市本町1丁目85-1
発 注 者：三井銀行
用　　途：銀行
設計監理：大林組
構造規模：RC造、PRC造
　　　　　地下1階、地上3階、塔屋1階
施　　工：大林組
延床面積：1616.09 m²
工　　期：1980年竣工

写真-1　全景

3. 構造概要

本建物は主たる用途を銀行営業室とする事務所建築で、最大スパンは約17mである。図-1に示すPG符号の大梁（各階5台）を工期短縮、部材の性能向上、経済性等の理由からアンボンドPC鋼材を用いた、いわゆるPRC構造として設計を行っている。

(1) 基本方針

a. 固定荷重＋仕上げ荷重＋設備荷重＋一部積載荷重の組合せに対しては、引張応力度の存在を許容しない。

b. 長期設計荷重（前記aの荷重＋積載荷重）の組合せに対してはひび割れの存在は許容するが、ひび割れ幅を0.1mm以下に制御する。ただし、ひび割れ幅の制御は鉄筋の応力度による。

また、たわみについて設計当初に定量的には規定しなかったが、断面設計終了後に計算した結果、長期荷重時での最大たわみは4mm程度である。

短期設計荷重時に対しては、ひび割れ発生以後の力学的性質がPCもPRCもRCも同一であることから、日本建築学会編「プレストレストコンクリート設計施工規準・同解説」44条に準じた荷重係数を用いた終局強度設計を行っている。

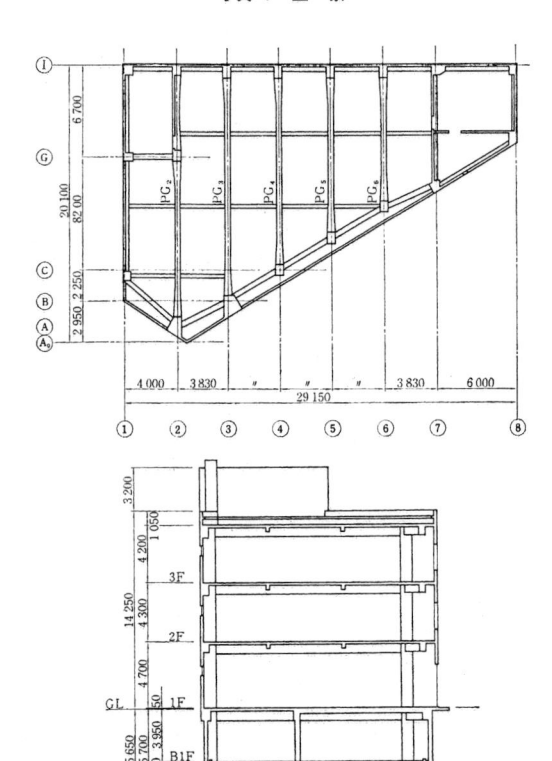

図-1　梁伏図，断面図

(2) 断面設計

断面設計フローを図-2に、PRC梁のプロフィールを図-3に示す。

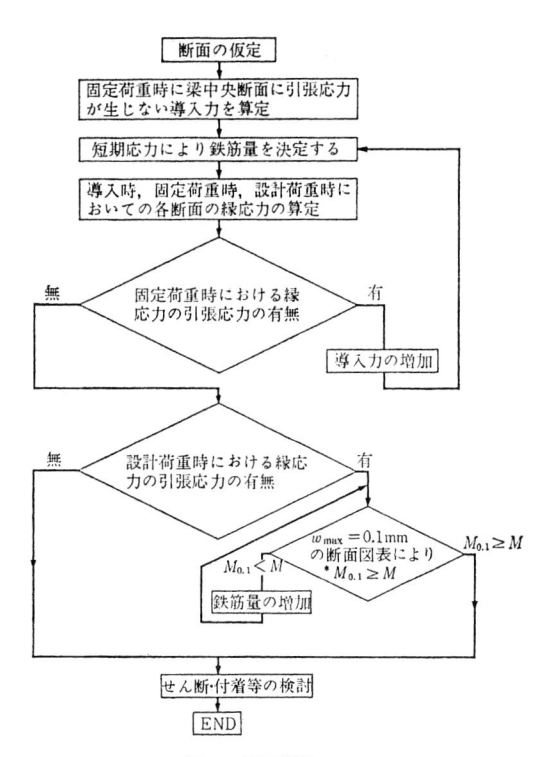

図-2 断面設計フロー

4. 施工概要

(1) アンボンドPC鋼材の配置

PC鋼材の配置は，主筋，スターラップ配筋後に吊り金物をスラブに取付け，PC鋼材を梁端部のスターラップの間から挿入し，所定の位置に設定した。

(2) プレストレス導入

コンクリート打設10日後，強度（$F_c = 220\,\mathrm{kgf/cm^2}$）の発現を確認したのちプレストレスを導入した。導入作業は，図-1の伏図に示される④通りから始め，スラブ，桁梁の亀裂の発生を避けるために隣接するPRC梁とのバランスを考慮して各梁とも段階的にプレストレスを導入した。なお，緊張管理はμ管理法によって行われた。

◎出 典
1) "アンボンドPRCラーメンの設計と施工"，プレストレストコンクリート，Vol. 22, No. 6, 1980.

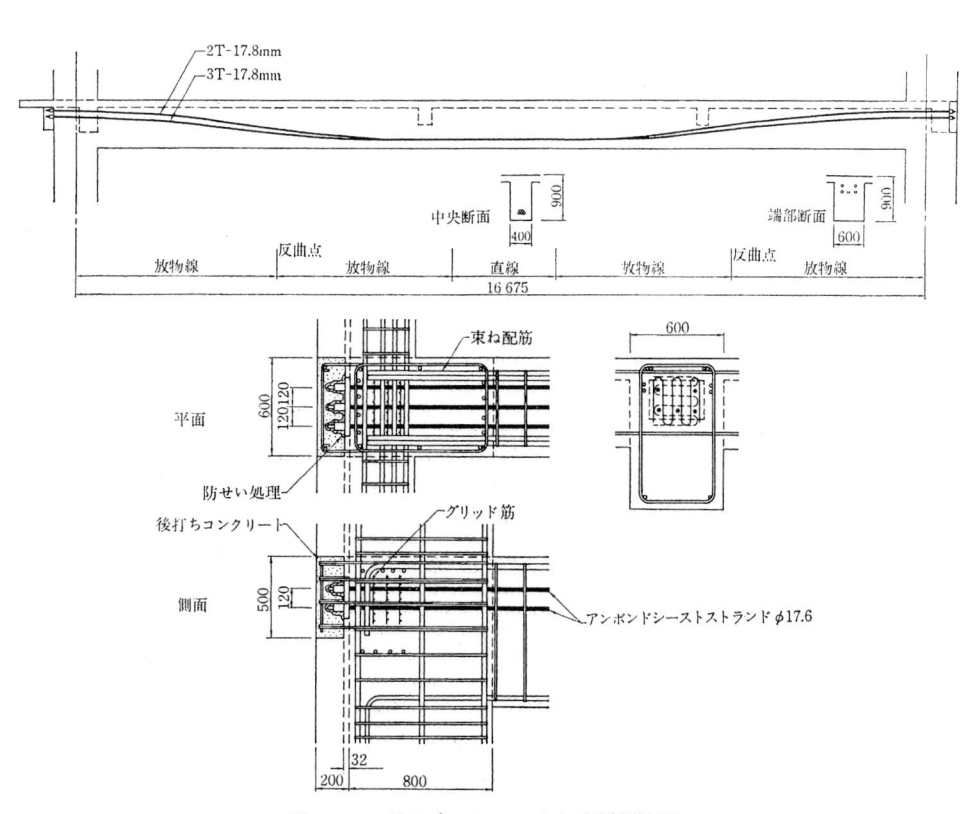

図-3 PRC梁のプロフィールおよび端部詳細図

022 京都競馬場新スタンド
● 17.3mの片持式PCスタンド
● 1980年竣工

1. はじめに
　新スタンドは，1938（昭和13）年に建設された旧スタンドを撤去して6階建ての重層式のスタンドに改築したものである。このスタンドの構造的特徴は，もち放し長さ17.3mの片持梁式の上部スタンドにプレストレストコンクリート（以下PCと略す）構造を採用していることである。

2. 工事概要
　建物名称：京都競馬場新スタンド
　所 在 地：京都市伏見区葭島渡場町32
　発 注 者：日本中央競馬会
　設計監理：日本競馬施設
　　　　　　安井建築設計事務所
　施　　工：竹中，フジタ，大林，戸田，鹿島JV
　PC施工：オリエンタルコンクリート
　構造規模：延床面積　74 508.826 m²
　　　　　　1，2階：SRC造　3，4，6階：RC
　　　　　　造　5階：PC造　大屋根：S造
　　　　　　地上6階建
　工　　期：1980年竣工

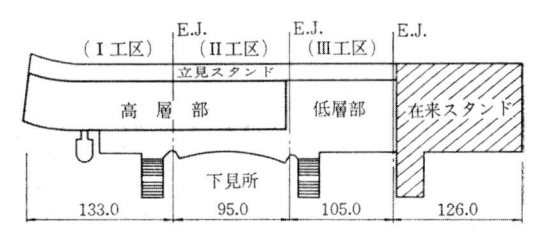

図-1　平面図

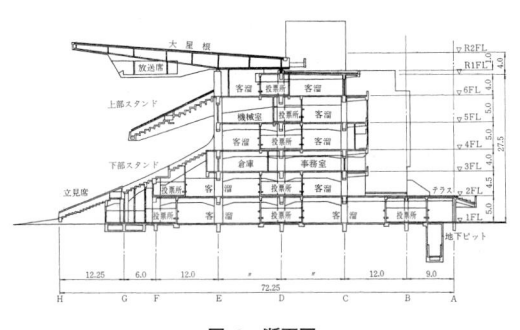

図-2　断面図

3. 構造概要
(1) 構造計画
　図-1に建物の配置と施工区分を示す。在来スタンドは1971年に今回と同様の工法を用いて建設されている。建物は観覧席，投票所，および下見所まわりのテラス等で構成され，平面の基準グリッドは9×12mと6.2×12mである（図-2）。新スタンドの全長約333mのうち，上部スタンドをもつ高層部の長さは約220mである。在来スタンドと高層棟の間の部分は将来増築によって一連の重層式スタンドとなる予定である。全長を100m前後に区画してエキスパンション

写真-1　全景

ジョイントを設けて温度応力，地震時の変形に対処している。

競馬場のスタンドは投票所まわりに広い客溜り空間を必要とするため架構としてはラーメン構造を採用しており，耐震設計上からはとくに，上部スタンドの大きな荷重を支える5階柱と，応力集中の予想される4階柱については動的解析結果をもとに十分な耐力を保つように配慮して設計されている。上部スタンドをはじめ，下部スタンド，立見席の段床版には工場製のPC段床を採用して工期の短縮を図っている。

(2) PC梁の設計

a．PC片持梁のケーブルは応力の大きさに応じて梁内に埋込アンカーを順次に配置し，ラーメン架構のC，D通りの柱面で定着する。PC鋼材は建物の形状からE通りで大きく湾曲するためにPC鋼より線を採用した。SWPR・7A-9.3φを9本束ねて1ケーブルとし，計30本のケーブルでPC梁を支持している。図-3にPC梁の配置とケーブル配線を示す。

b．PC梁および段床版のコンクリートの所要圧縮強度は以下の通りである。

設計基準強度（緊張力導入強度）
PC梁：350 kgf/cm^2（300 kgf/cm^2）
段床版：450 kgf/cm^2（400 kgf/cm^2）

4．施工概要

新スタンド本体の工期は15カ月ときわめて短い工期である。

(1) PCケーブル工事

PCケーブルはあらかじめ製造工場で所定の長さに切断したものをコイル状に束ねて現場へ搬入し，回転台を用いて配線した。定着コーンはOBC No.55（外径14 cm，厚さ4.72 cm）を用いて，コンクリート打設後に取り付ける「アウトコーン」方式を採用した。今回の工事のように定着ケーブル数が多い場合には，型枠内にコーンを固定する作業が省略できて工程上有効であった。

埋込アンカーはPC鋼線を放射状に定着する方法を採用しているが，供試体を製作して鋼線の降伏荷重の規格値に近い緊張力を与えても以上のないことを確認している。

(2) コンクリート工事

流動化コンクリートの採用も検討したが，JIS規格化されていない状態での使用は時期尚早として採用までには至らなかった。PC片持梁のセンターから中央にかけて埋込アンカー，鉄筋，シースが幅輳していること，片持梁の段差が7m余もあって打設作業性が低下することを考慮して，1日の打設量を300～400 m^{2}とした。

緊張力の導入に先立ってシースとケーブルの波打ちによる摩擦係数λと，角度変化による摩擦係数μの測定を長さ5 m，断面積25×40～90 cmの供試体で行った。施工後行った緊張力の導入時のチェックとして施工段階ごとに以下の実測を行った。

① PC片持梁の変位量
② PC梁上下主筋のひずみ量，梁表面のひずみ量
③ C，D，E通り柱頭変位量，柱主筋のひずみ量
④ スラブ面の応力分布測定

(3) PC片持梁の振動性状

重さ30 kgの砂袋を一定の高さから落下させたときのPC片持梁の先端，中央，支持端の3か所の振動性状を実測した。

測定による振動数は4 Hz，減衰定数は2.67～2.79%であった。

◎出　典
1) "京都競馬場新スタンドの設計と施工"，プレストレストコンクリート，Vol. 24, No. 1, 1982.

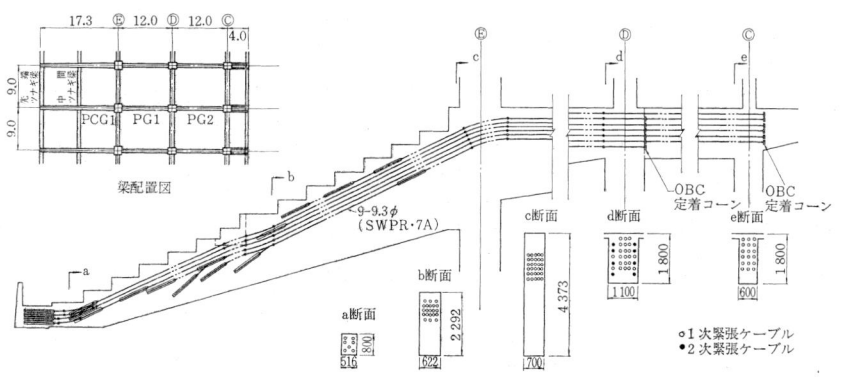

図-3　梁配筋図

023 一宮地方総合卸売市場

- プレキャスト PC 組立式大スパン卸売市場
- 1981 年竣工

1. はじめに

この建物は愛知県の卸売市場整備計画に基づき，一宮市と市内既存市場の共同出資により開設されたもので，数社の指名競技設計によりこの案が選ばれている。

屋根にHPシェル板，床にDT版などプレキャストコンクリート部材を使用し，梁間方向を場所打ち一体式PCラーメン架構，桁行方向をプレキャストPC組立て式のラーメン架構としている。

2. 工事概要

建物名称：一宮地方総合卸売市場
所 在 地：愛知県一宮市
発 注 者：一宮地方総合卸売市場
用　　途：卸売市場
設計監理：伊藤建築設計事務所
施　　工：清水，榊原JV
PC 施工：オリエンタルコンクリート
構造規模：RC，PC 併用構造，一部組立て式PC造平屋建（一部2階建）
延床面積：7 768 m²
工　　期：1981年竣工

3. 構造概要

柱割りが梁間方向24.0m，桁行方向22.5mで，梁間方向を場所打ち一体式PCラーメン，桁行方向をプレキャストPC組立ラーメンの4連とし，柱と梁を圧着している（図-1）。

卸売場屋根にHPシェル版（シルバークール）を，床および事務所屋根にDT版の工場製品を用いている。

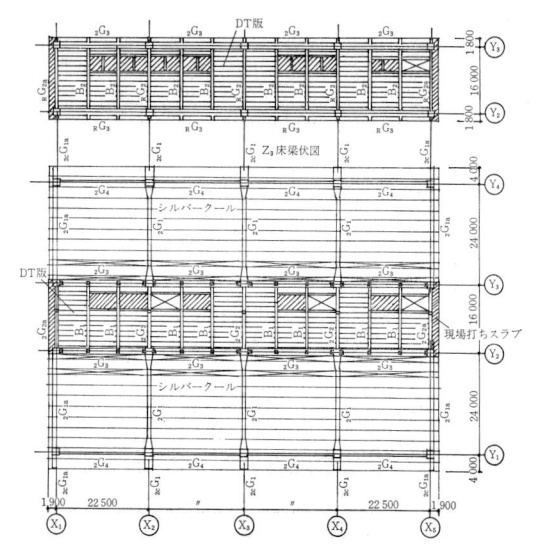

図-1 床梁伏図

また，梁間方向24mの地中梁は，PCタイビームとして水平反力をとっている。

主な使用材料を以下に示す。

コンクリート
　基礎，地中梁：$F_c = 240 \, \text{kgf/cm}^2$
　場所打ち一体式PCラーメン：
　　　　　　　　$F_c = 350 \, \text{kgf/cm}^2$
　プレキャストPC大梁，小梁，間柱：
　　　　　　　　$F_c = 400 \, \text{kgf/cm}^2$
　合成梁RC部分：$F_c = 240 \, \text{kgf/cm}^2$
　目地コンクリート：$F_c = 300 \, \text{kgf/cm}^2$
　DT版：$F_c = 400 \, \text{kgf/cm}^2$

写真-1 全景

HPシェル版：$F_c = 450 \mathrm{kgf/cm^2}$

4. 施工概要

施工は，場所打ち一体式ラーメン架構と現場ヤードで製作するプレキャスト部材（桁大梁等，小梁，間柱）および工場製品であるDT版，HPシェル版にわけられる。

施工順序を図-2に示す。

場所打ちコンクリートPCラーメンについては，プレストレス導入段階毎，載荷段階および約6カ月毎1年半にわたって架構の応力変化を測定し，計算値との照合を図っている。

◎出　典
1) "一宮地方総合卸売市場の構造設計と施工について"，プレストレストコンクリート，Vol. 24, No. 1, 1982.

写真-2　PC大梁・小梁架設完了

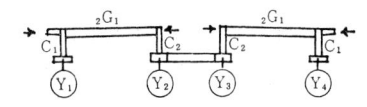

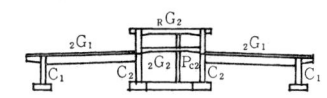

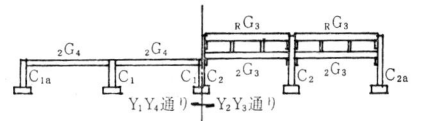

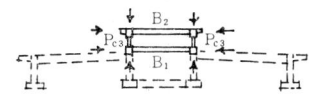

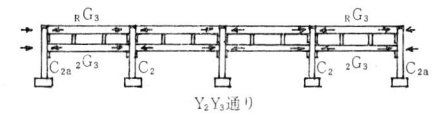

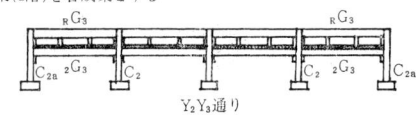

図-2　施工順序

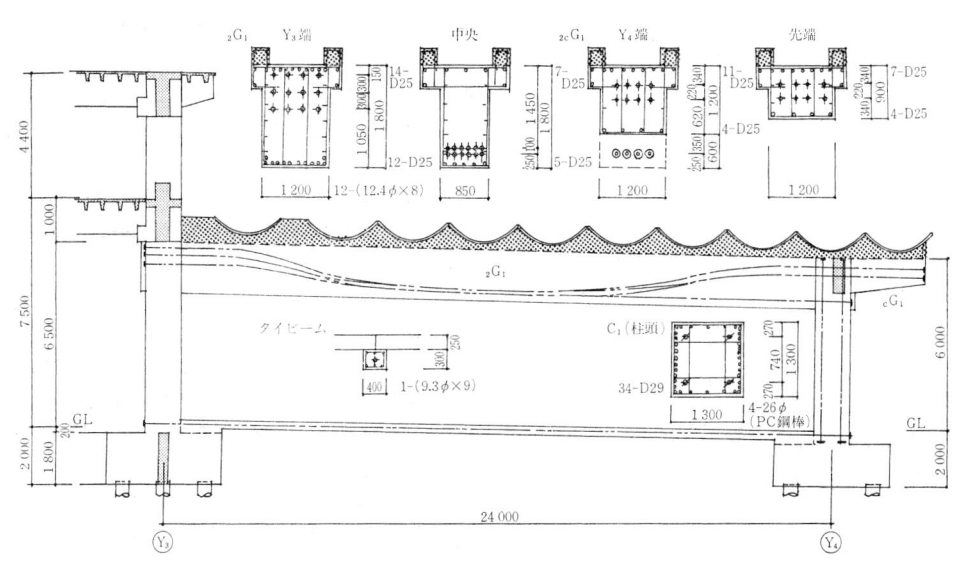

1. 場所打ち一体式PCラーメン緊張
2. 現場打ちラーメン構成
3. プレキャスト部材（桁梁，小梁，間柱，DT版，SCS版）架設
4. 桁梁と間柱，桁梁と小梁との接合
5. 桁梁と柱との接合
6. タイビーム緊張
7. 桁梁(2階)を合成梁とする

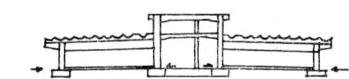

図-3　場所打ちPCラーメン図

024 出雲大社新神楽殿
● 26m×40.48mの無柱空間
● 1981年竣工

1．はじめに
　出雲大社新神楽殿は出雲大社教特立100年記念事業の一環として，旧神楽殿を解体撤去し，同敷地内にあらたに造営されたもので，玄関アプローチに相当する向拝と神殿を控えた大広間から構成されている。
　構造方式の主たる選定要素は，
① 耐風，耐震，耐火性を含む耐久性に優れていること
② 26×40.48mの大広間無柱空間が可能なこと
③ 直接，構造体を造形的に表現するため，自由度が高く，精度と信頼性の高い施工が可能なこと
④ 建設コスト

　以上の4条件をほぼ満足する構造方式として，主体構造としてPC構造が採用されるに至った。

2．工事概要
建物名称：出雲大社神楽殿御造営工事
所 在 地：島根県簸川郡大社町
発 注 者：出雲大社教
用　　途：神楽殿
設計監理：馬庭建築設計事務所
　　　　　MAI建築構造研究所
施　　工：森本組
PC施工：オリエンタルコンクリート
構造規模：現場打ち一体式PC，プレキャストPC併用方式。一部RC造。地下1階，地上1階
延床面積：2035m^2
工　　期：1979年7月～1981年9月（27カ月）

3．構造概要
(1) 構造計画
　本構造は，屋根チャンネル版（CH版）の軽量化をはかり，意匠上，比較的細かいディテールと寸法精度が要求され，また，屋根が急斜面（仰角約30°）でコンクリートの現場打設に適さないためプレキャスト方式とし，主架構は一部を除き現場打ち一体方式を採用した。

(2) 棟梁
　棟梁RPG5は完全な現場打ち一体式PC造としたが，大広間の棟梁RPG1については，山形架構の応力状態を明快，かつ，設計上有利にするため，打設時，棟梁RPG1と02通り，10通り山形架構との接合部に，図-2に示す切欠き部分を設け，かつ，04通り，08通り山形架構の合掌RB3のスパン中央にも打継ぎ目地（後打ちコンクリートと記す）を設けた。施工時の荷重状態を配慮してRPG1に対する緊張力導入と屋根CH版の架設を，それぞれ，3段階に分けて実施し，屋根CH版架設完了後の合掌RB3の打継目地にコンクリート打設を行い，緊張力を導入して棟梁RPG1と一体化する。

(3) 妻側山形架構
　山形架構の頂点に作用する棟梁の支点反力は合掌とタイビームで構成される三角形のトラス構面で処理され，タイビームに作用する引張力を打ち消すよう，タイビームに緊張力を導入することにより，合掌と柱の曲げ，せん断応力を大幅に軽減できた。
　大広間の02通り，10通り山形架構については，棟梁RPG1と一体施工した場合，棟梁の回転変形が拘束されるため，合掌RB2にきわめて大きな捩じり

写真-1　正面全景

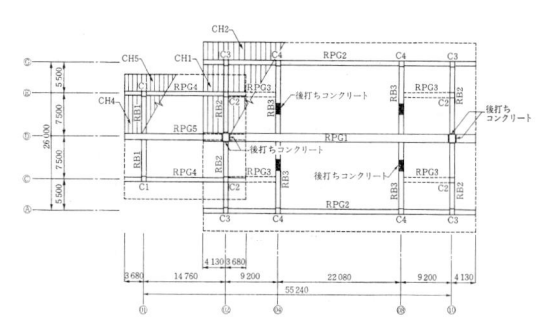

図-1　梁伏図

モーメントが生じる。

そこで切欠き部を設け，屋根版架設中に接合部の境界条件を可能な限りピンに近い状態に保持するように努めた。しかし，合掌RB2には，RPG1の切欠き部目地コンクリート打設，および，残りの8ケーブルに緊張完了後作用する屋根荷重により捩りモーメントが作用する。これに対して，RB2の部材断面において，垂直方向，および，水平方向に配置されたPC鋼棒に緊張力を導入し，せん断補強を行っている。

(4) 屋根CH版

屋根CH版にはチャンネル形断面形が採用され，1ユニットの幅は92cmに統一されている。

庇の先端よりPCストランドに緊張力を導入して屋根版を桁梁RPG2に圧着接合し，その後，棟梁RPG1と屋根版とも，PC鋼棒に緊張力を導入することにより圧着接合する。その結果，屋根構造全体を一体化し，水平荷重時や積雪時の片荷重等による屋根全体のランダムな変形に対応し得るものとした（図-3）。

なお，屋根CH版相互間には，ダイアゴナル筋を溶接接合するとともに，目地に無収縮モルタルを充填し，面内剛性を高めている。

(5) 施工概要

本工事の地上部躯体は建物自身，旧来の木造建築の様式を模しているため，斜材が多く，また屋根スラブをプレキャスト化しているのでスラブ無しの主架構のみの構造になっているのが特徴である。

PCストランドのシース内への挿入に際しては，合掌以内の梁については，人力で行ったが，合掌には30°という急勾配がついているため，ウインチを使用した。また，PCストランドの埋殺し定着部分においては，PCストランドとコンクリートとの付着効果を高めるために，図-5に示すようなドーナツ形鉄板に孔を開けたものを使用した。

PCストランドの緊張には，OBCジャッキを使用し，油圧ポンプのマノメーターの読みとPCストランドの伸び量とから緊張力の管理を行った。

グラウトに関しては，PCストランド等，1本あたりグラウト量の多いものについては電動グラウトポンプを使用し，CH版取付け用や合掌のせん断補強用のPC鋼棒等，1本あたりのグラウト量が少ないものについては，手動式グラウトポンプを使用した。

◎出典

1) "出雲大社新神楽殿の設計と施工について"，プレストレストコンクリート，Vol.24，No.1，1982．

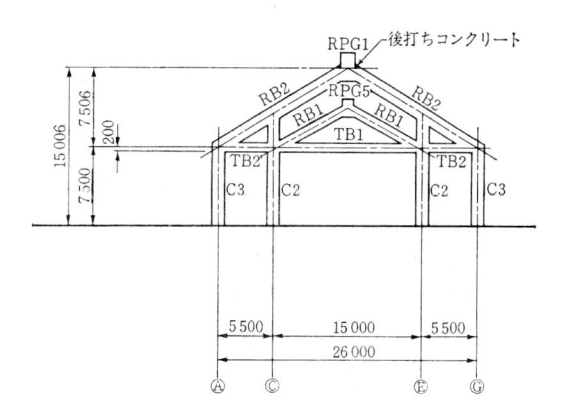

図-2 02通り軸組図

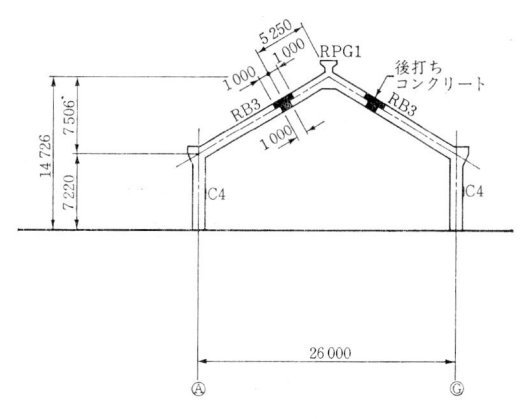

図-3 04通り軸組図

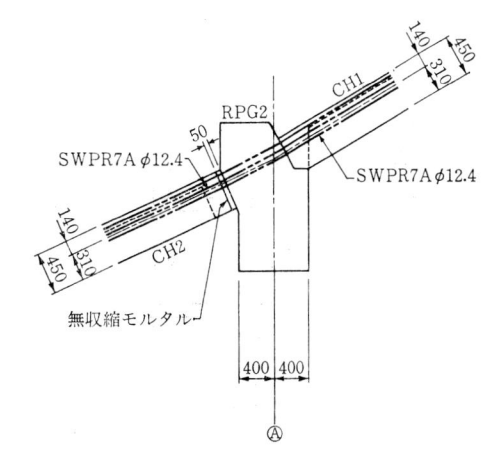

図-4 屋根CH版詳細図

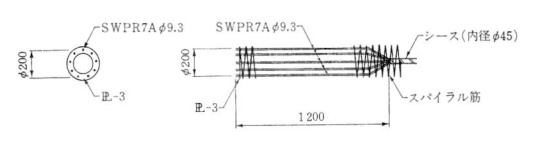

図-5 PCストランド定着部

025 滝根勤労者体育センター
- スパン 31.5 m の PC トラス
- 1982 年竣工

1．はじめに
　本建物は福島県田村郡あぶくま洞に近い位置に建設された体育センターである。外周部を RC 造で固め，スパン 31.5 m 桁行 40.8 m のアリーナ部分の屋根にプレキャスト PC トラス梁を用いたものである。トラスの形式としてはハウトラス形式を採用している。

2．工事概要
　　建物名称：滝根勤労者体育センター
　　所 在 地：福島県田村郡滝根町
　　発 注 者：滝根町
　　用　　途：体育館
　　設計監理：山口建築設計事務所
　　施　　工：八光建設
　　PC 施工：ピー・エス・コンクリート
　　構造規模：RC 造　2 階建
　　工　　期：1982 年竣工

3．構造概要
　基礎・柱は現場打ち鉄筋コンクリート構造であり，31.5 m の長スパン梁はプレストレストコンクリート構造によるトラス梁とし，そのトラス梁の上に屋根板として WT 板を用いている。PC トラスを採用した

写真-1　室内内観

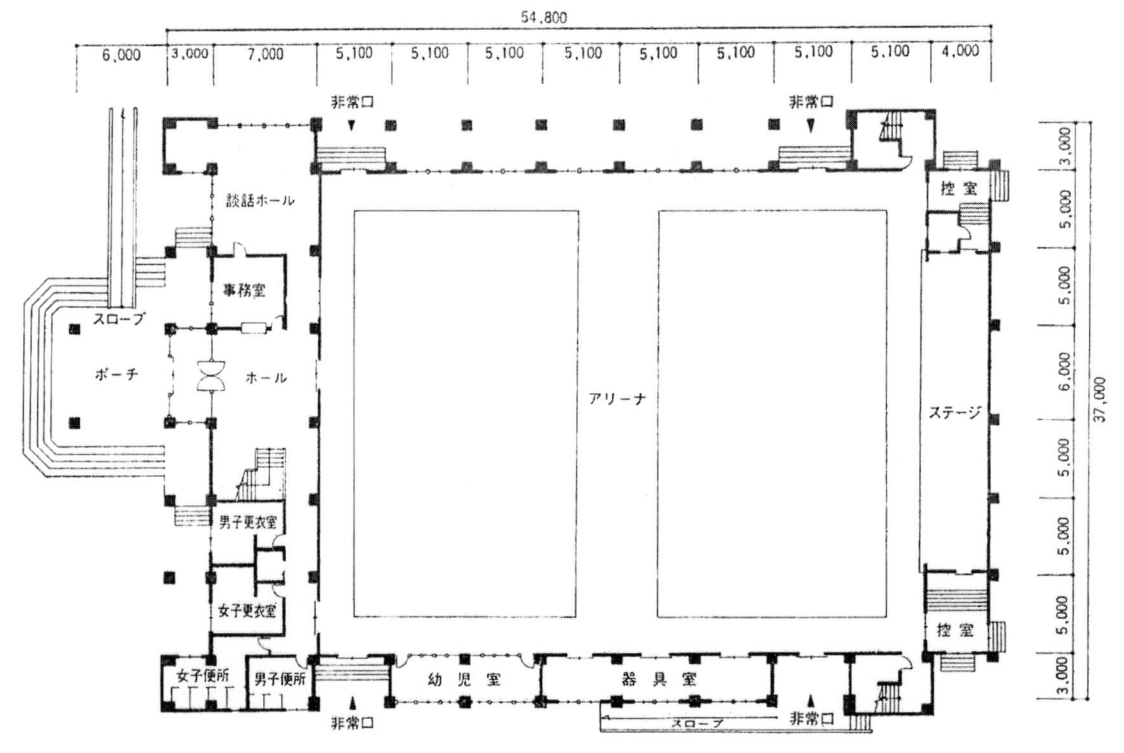

図-1　平面図

理由は，梁の自重を軽量化することにより経済性をはかるとともに，従来のI形梁の場合，梁ウェブにより音が反響し音響障害を起すおそれがあったので，トラス梁とすることにより音の反響を防ぎ障害を軽減させるためである。

PCトラスの形式には，鉛直材が引張材となり斜材が圧縮材となるため，PC鋼材を鉛直材にいれればよいので節点部の定着体のおさまりがよく，部材製造上他のトラス形式よりも優れているハウトラス形式を採用している。

全長を3つの部材に分割して工場で製造し，現場内でPC鋼材を用いて圧着接合とする。

柱と梁を剛接合としラーメン架構とした理由は，不静定次数を上げ，構造体の耐力を高めるためである。

使用材料
　コンクリート：$F_c = 450\,\mathrm{kgf/cm^2}$
　PC鋼材：フレシネーケーブル　12φ8，12φ7
　PC鋼棒：32φ，23φ

4．施工概要

部材製作は，鋼製型枠を用い，型枠の脱型，コンクリート打設の作業性，部材の立て起しが不要等の点で優れていると思われる縦打ち方式でコンクリートを打設した。

現場搬入後架設地点近傍の地上で仮組みし，一本の梁とするため，目地コンクリートおよび目地モルタルを打設した。

目地部の強度発現後プレストレスを導入し，分割部材を圧着接合して1本のトラスを形成し，その後トラッククレーン2台により柱頭部の所定の位置に架設した。

次にWT屋根板を架設し，PCトラスと柱の接合部分に目地モルタルを充填し，モルタルが所定の強度に達したことを確認した後，あらかじめ柱頭部に埋め込まれたPC鋼棒を緊張することにより，剛接ラーメンとした。

◎出　典
1)　"滝根町勤労者体育センターPCトラスの設計・施工について"，プレストレストコンクリート，Vol. 24，No. 1，1982.

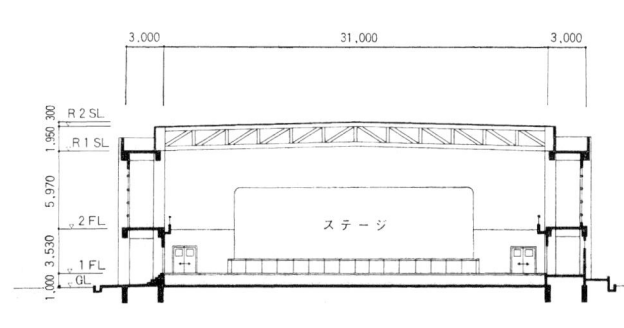

図-2　断面図

写真-2　架　設

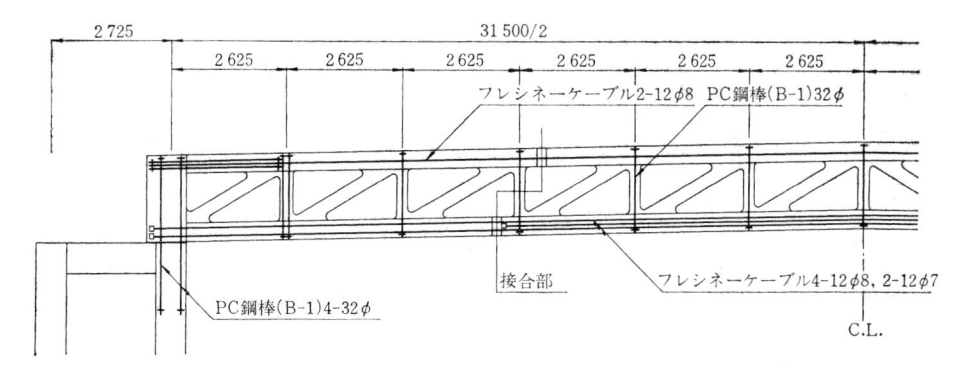

図-3　PC鋼材配線図

026 東京三郷浄水場
- 鉄骨仕口とした PC 梁
- 1982年竣工

1. はじめに

この建設地は，関東平野でも，東京低地区に属する沖積平野で，大宮台地と常総台地との間の古利根川を中心として発達した低地帯に位置している。この軟弱地盤上に建設される三郷浄水場の施設のうち，原水ポンプ所と送水ポンプ所に適用されている SPC 構造による架構工法について述べたものである。

SPC 工法は，広義には鉄骨（S）とプレストレストコンクリート（PC）との多種多様な複合，合成構造の総称とされている。本工事では，プレキャスト大梁端部仕口部に H 形鋼を埋設した SPC 大梁と SRC 柱とのジョイント方法を，高力ボルト接合としたことにより，ジョイント部分および DC 床版上の現場打ちコンクリートの硬化後，2次の連続ケーブルでプレストレス導入を行い，合成構造とし，靱性の高い SPC ラーメン構造を形成している。

2. 工事概要

- 建物名称：三郷浄水場築造第3号工事
　　　　　　原水ポンプ所，送水ポンプ所
- 所 在 地：埼玉県三郷市彦江3丁目
- 発 注 者：東京都
- 用　　途：浄水場
- 設計監理：東京都水道局，日新設計
- 施　　工：大成・清水 JV
- PC 施工：黒沢建設
- 構造規模：原水ポンプ所：RC 造　地上3階，地下2階
　　　　　　送水ポンプ所：RC 造　地上3階　地下2階
- 延床面積：原水ポンプ所：21 005.6 m²
　　　　　　送水ポンプ所：23 365.6 m²
- 工　　期：1982年竣工

3. 構造概要

原水ポンプ所は，地下21.4 m，地上12.2 m，平面の大きさが約 140×70 m の規模で，送水ポンプ所は，地下25 m，地上15 m，平面の大きさが約 160×60 m の規模である（図-1）。

設計震度は，地上部および地下構造物とも，同一に 0.3 を採用しているため，基礎は鋼管杭（ϕ=609.6

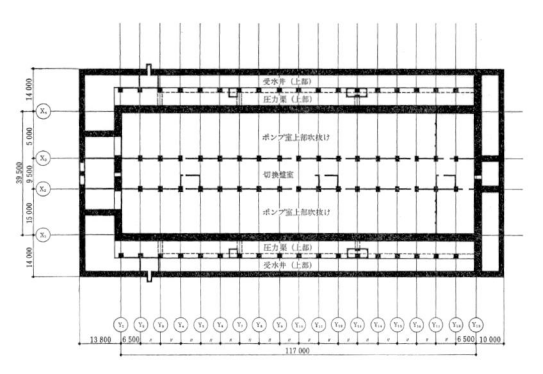

図-1　地下中1階平面図（原水ポンプ所）

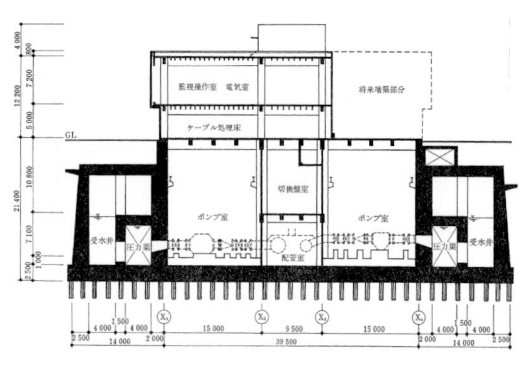

図-2　原水ポンプ所断面図

mm，t=9〜16 mm）を使用し，杭頭固定にし，GL-45 m の砂礫層に支持させている。圧力渠，ポンプ室を形成している地下部は，ポンプ，クレーン等設置のため，地下空間を大きく必要とし，さらに常時および地震時の土水圧を受けることなどから，RC 構造による版構造としている（図-2）。地上部分は，オープンラーメン構造として，柱および桁行大梁は SRC 造としている（図-3）。スパン方向は，大スパン（L=15.0 m），耐荷重性（1 tf/m²），耐震性，施工性，工期等の条件を満たした SPC 構造を採用している。

床は工場生産による DT 版を用い，その上に後打ちコンクリート（厚さ10 cm）を打設して合成床版としている。

4. 施工概要

SPC 大梁，DT 床版，外壁カーテンウォールの部材製作は，すべて工場製作としている。

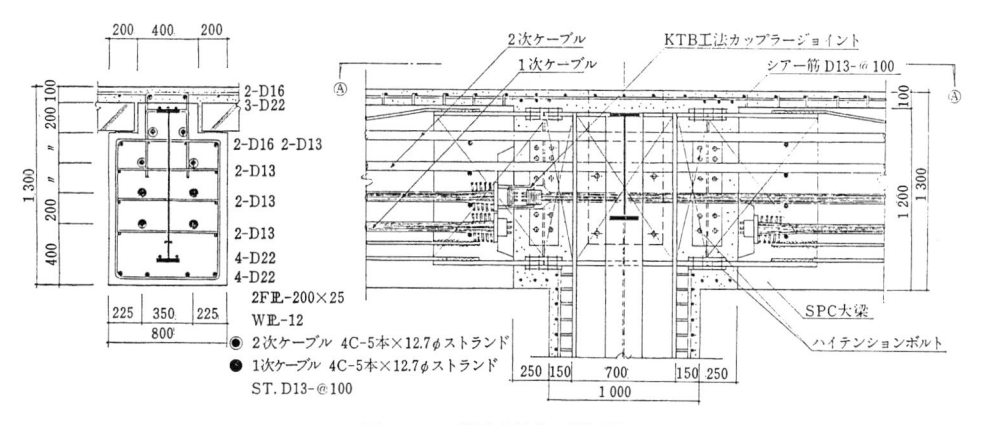

図-3 SPC構造大梁仕口詳細図

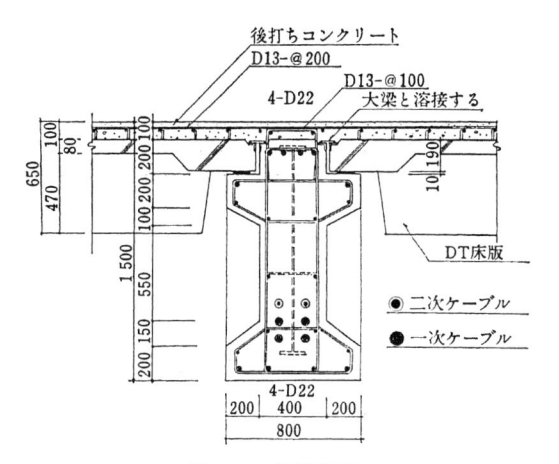

図-4 DT床版断面図

写真-2 SPC版とDT床版

写真-1 原水ポンプ所SPC構造フレーム全景

写真-3 SPC大梁端部鉄骨仕口

　このプレキャストSPC構造は，従来のプレキャストプレストレストコンクリート構造の組立工法と違って，大梁端部仕口部分にH形鋼を埋設して，鉄骨造と同様に急速に現場で，ハイテンションボルトによる剛接合を可能にしている。また，鉄骨柱とプレキャストSPC大梁は，連続PCケーブルに二次のプレストレス導入を行うことによって，柱と大梁に圧着効果を生じさせ，仕口部の応力伝達をスムーズにし，断面全体を有効に圧縮させることにより完全な一体構造に合成できる利点をもっている。

◎出 典
1) "SPC構造による三郷浄水場の施工－原水ポンプ所，送水ポンプ所の上家－"，プレストレストコンクリート，Vol. 25, No. 2, 1983.

027 小松物産本社ビル
● 場所打ち PC とアースアンカー
● 1982 年竣工

1．はじめに

小松物産本社ビルは仙台市内に位置する9階建ての事務所ビルである（**写真-1**）。基準階は敷地の形状に従って台形となっており，エレベータ等を含むコア部が北側の一部分に飛び出る形で配置されている。

事務室空間は長期間に亘って陳腐化する事の無いように，中間柱が無くフレキシビリティの高いものとなっている。梁間方向は約16mのスパンで，ここにPC構造の梁が採用されている。またPC梁方向の水平力には前出のコア部をPC耐震壁として抵抗させる構造とした。このPC耐震壁には大きな引抜力が生じるため基礎部分でアースアンカーを用いて支持地盤に定着させるといったユニークな工法が採用されている。

写真-1 全景写真

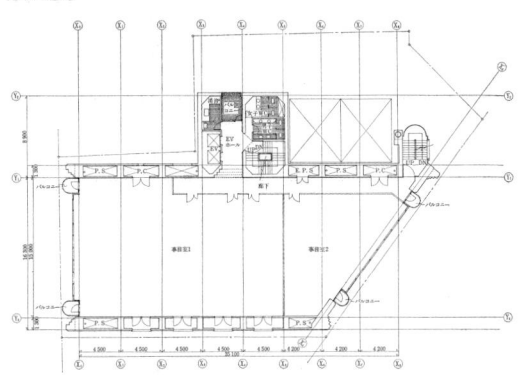

図-1 基準階平面図

2．工事概要

建物名称：小松物産本社ビル
所 在 地：宮城県仙台市1番町1丁目4-28
発 注 者：小松物産
用　　途：事務所
基本設計：東北工業大学，鈴木治平教授
意匠設計：群建築設計事務所
構造設計：北海道ピー・エス・コンクリート
施　　工：フジタ工業
PC 施工：北海道ピー・エス・コンクリート
構造規模：RC，SRC，PC 併用構造
　　　　　1F～5F柱脚までSRC構造
　　　　　地下1階，地上9階，塔屋2階
延床面積：5 743.039 m^2
工　　期：1980年11月～1982年3月（17カ月）

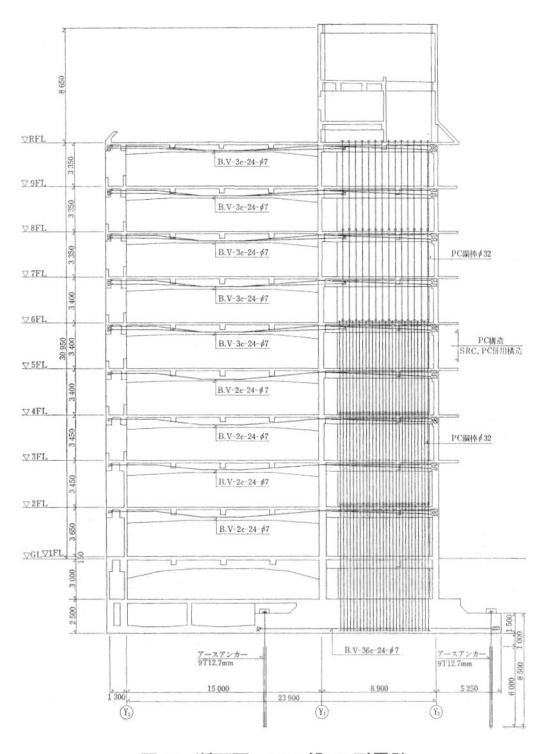

図-2 断面図、コア部PC耐震壁

3. 構造概要

この建物は地上9階,地下1階建てで,梁間方向(図-1中のY方向)を場所打ちのプレストレストコンクリート梁で,またX方向をSRCおよびRC構造としている。Y方向のスパンは16mでX方向は4.5mである。さらに,北側に飛び出して設けられているコアはRC造の耐震壁であるが,上から下までPC鋼棒を貫通させてプレストレスを導入している(図-2)。

内部空間はユニバーサルスペースなどの建築計画上の要請から大空間が求められた。当初はプレキャストコンクリート部材による組立圧着工法が検討されたが,運搬や建て方等施工上の問題から実現せず,現場打ち一体式のプレストレストコンクリート構造が採用されている。

Y方向の耐震要素として外部に突出したコアを利用し,PC梁に過大な水平力を負担させない計画としている。コアの耐震壁には大きな曲げやせん断力が生じるため,これにプレストレスを導入し80〜85%の水平力を負担できるように設計されている。壁厚さは500〜200mmで,プレストレスには$\phi32$のPC鋼棒が使用されている。

また,このコア部には大きな引抜力がその基礎部分に作用するため,基礎から鉛直下向きに打設したアースアンカーを用い,支持層であるN値50以上の砂質泥岩に8.5m定着してコア基礎の浮き上がりを押さえ込む工法が取られている。

構造計画は,コアの偏りによる偏心や剛性の評価,ならびに地震時におけるコアPC耐震壁の引抜きおよび保有耐力の検討など,当時検討されていた新耐震設計案を先取りする形で行われた。

4. 施工概要(アースアンカー)

ボーリングマシンを,あらかじめコンクリートの中に垂直養生した$\phi162$mmのケーシングの上に垂直になるようにセットする。穿孔はステニックハンマを使用する。コンプレッサーからの圧縮空気を送り埋設されたケーシング内を通して岩盤をパーカッションさせ所定の深度まで穿孔を行った。その後,あらかじめ加工されたPC鋼線(写真-2)を孔内に挿入し,セメントペーストを用いてグラウトを行った。グラウト注入後,7日間の養生期間をおいて油圧ジャッキにて緊張を行った(写真-3)。

5. おわりに

この建物は,SRC,RC,PCを取り混ぜて使用

写真-2 PC鋼線(アースアンカー)

写真-3 緊張作業(アースアンカー)

しており,さらにPC耐震壁やアースアンカーを引抜抵抗素として活用するなどユニークな建物といえる。

また設計者は過去に自ら設計したPC造2階建ての工場が宮城県沖地震で無被害であったこと,また当時PC造はS造やSRC造に比較してコスト的にメリットがあったという理由でPC構造の採用に踏み切ったというのが印象的である。

◎出 典
1) "小松物産本社ビルの設計と施工(アースアンカー)", プレストレストコンクリート, Vol. 24, No. 5, 1982.

028 東京・関東郵政局資材部倉庫
● PRC 構造による多層大型倉庫
● 1982 年竣工

1. はじめに

郵政局資材部倉庫は，郵便局で使用される千種類以上に及ぶさまざまな物品を管理・保管・配送する拠点である。東京・関東郵政局資材部倉庫（**写真-1**）は，東京および関東郵政局の倉庫が手狭になったことから，これを統合して新しく建設された。地上 5 階建ての基本設計案に対して S 造，SRC 造なども検討されたが，工期や工事費を総合的に考慮して PRC 構造としている。

躯体，外壁および屋根などのひび割れ防止や耐震性の確保に重点が置かれている。また良質なコンクリートとするために単位水量を制限し，その代りに高流動化剤が積極的に使用されている。

写真-1 建物全景

2. 工事概要

建物名称：東京・関東郵政局資材部倉庫
所 在 地：東京都足立区
発 注 者：郵政省
用　　途：倉庫
設計監理：郵政大臣官房建築部
施　　工：奥村組・古久根建設 JV
PC 施工：オリエンタル・コンクリート
構造規模：地上 5 階，塔屋 1 階
　　　　　PC 造（スパン方向），RC 造（桁行方向）
延床面積：22 771 m²
工　　期：1980 年 10 月～1982 年 6 月

3. 構造概要

図-1 に基準階平面を，また**図-2** に断面図を示す。建物の桁行方向は RC 構造で，またスパン方向は PC 構造で構成されている。

スパン方向のプレストレス大梁には CCL 工法が採用されており，固定荷重とすべての積載荷重をキャンセルできるように緊張荷重を決定している。ただし基礎梁はアンボンド鋼材を使用した PRC 構造となっており，長期荷重を PC で，また地震時の水平力を RC で負担するものとして設計されている。

屋根はアンボンド鋼材を用いた PRC 構造 1 方向スラブとなっており，有効軸応力は約 20 kgf/cm² である。鋼材は施工性を考慮して 2 本束ねて 80 cm ピッチで配置されている。

妻壁のコンクリートは現場打ちで，垂直方向は PC 鋼棒によって，また水平方向はアンボンド鋼材によって約 10 kgf/cm² のプレストレスが導入されており，コンクリートの乾燥収縮等によるひび割れの発生を防止する対策が講じられている。

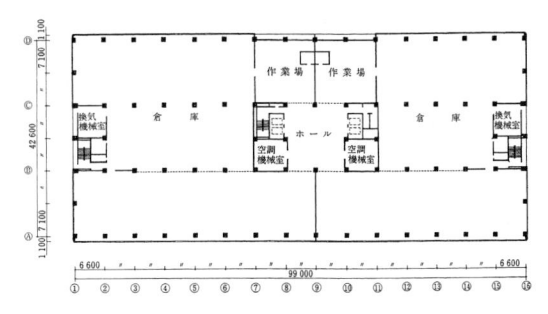

図-1 基準階平面図

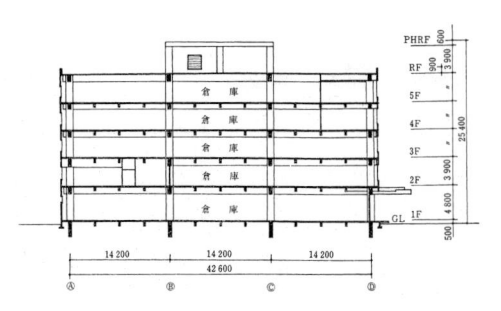

図-2 断面図

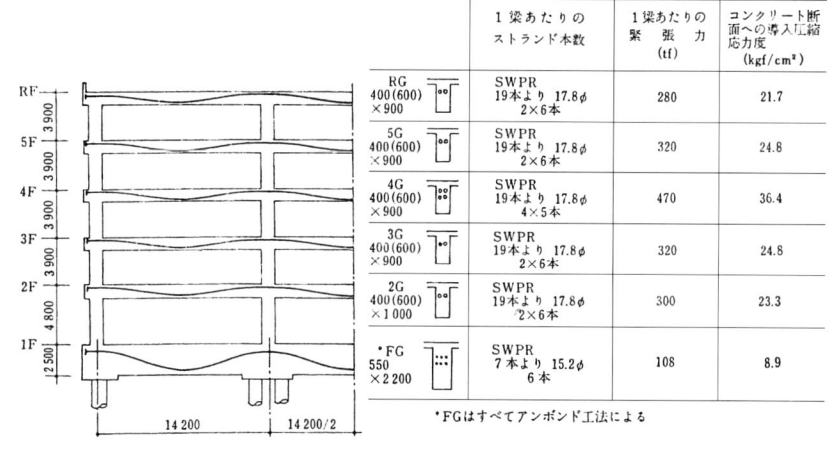

	1梁あたりのストランド本数	1梁あたりの緊張力 (tf)	コンクリート断面への導入圧縮応力度 (kgf/cm²)
RG 400(600)×900	SWPR 19本より17.8φ 2×6本	280	21.7
5G 400(600)×900	SWPR 19本より17.8φ 2×6本	320	24.8
4G 400(600)×900	SWPR 19本より17.8φ 4×5本	470	36.4
3G 400(600)×900	SWPR 19本より17.8φ 2×6本	320	24.8
2G 400(600)×1 000	SWPR 19本より17.8φ 2×6本	300	23.3
*FG 550×2 200	SWPR 7本より15.2φ 6本	108	8.9

*FGはすべてアンボンド工法による

図-3 各階 PC 大梁の詳細

4. 施工概要

プレストレスの導入による2次不静定力は，柱などに悪影響を及ぼす場合がある。ここでは大梁に導入する緊張力の大きさと，それをいつ導入するべきかを決めるために，柱の軸力をも考慮した引張り縁応力と梁への導入緊張力の関係を導いてグラフ化し，縁応力が許容値を超えないような緊張力の導入手法が計画され，管理が行われた。

各工区とも緊張力の導入に先立って，試験緊張を実施して摩擦係数 μ と λ を計測し（μ と λ の比を一定と仮定），それらの値が本緊張の管理に使用されている。

大梁は梁スラブの型枠が完了した後に，梁鉄筋を型枠からもち上げた状態で配筋し同時にシースの配管が行われている（**写真-2**）。

コンクリートの打設後に PC 鋼材をシース内に配線し，所定のコンクリート強度が発現した後にプレストレスの導入が行われた（**写真-3**）。またプレストレスの導入には CCL のモノストランド工法が使用されている。

写真-3 大梁への緊張力導入

コンクリート強度は 350 kgf/cm² で，ベーススランプは 12 cm であった。これに高流動化剤を打設前に添加しスランプを 18 cm にして打設が行われた。

5. おわりに

この建物の屋根スラブは，スパン方向については大梁に，桁行方向に関しては直接スラブにプレストレスが導入されており，ひび割れの発生を防いでいる。この効果を活用し，防水層機能をスラブコンクリートのみにもたせた仕様となっている。躯体以外の防水層なしに，建物の生涯に渡って十分な機能を保持できるかどうかは疑問もあるもののプレストレスによって生じるさまざまな副次効果のひとつと言えるのではないだろうか。

◎出 典
1) "東京・関東郵政局資材部倉庫の設計と施工"，プレストレストコンクリート Vol. 25, No. 2, 1983.

写真-2 梁鉄筋組立，シース配管

029 住友電気工業伊丹製作所事務棟

- **PC とメガストラクチャーによる大空間の事務所建築**
- 1983 年竣工

1．はじめに

　この建物は両コア形式で，コア間を現場打ちのプレストレストコンクリート梁で繋げて無柱大空間を創出している。この無柱空間は 25.24×27.45 m で，事務室としてばかりでなく各種の展示スペースとしても活用することを期待し計画された（**図-1**，**図-2**）。

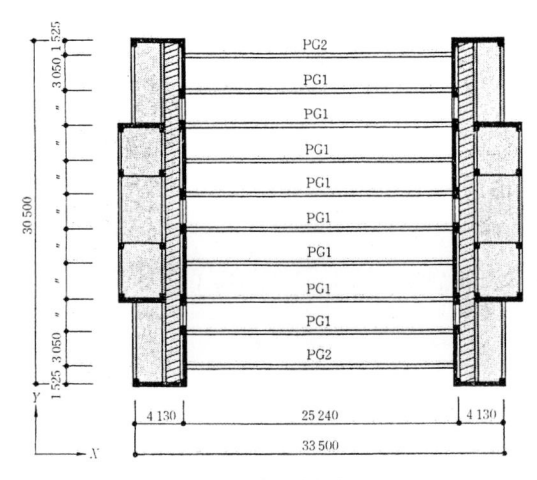

図-1　基準階伏図

写真-1　全景写真

所　在　地：兵庫県伊丹市昆陽北 1－1－1
発　注　者：住友電気工業
用　　　途：事務所
設　計　監　理：日建設計
施　　　工：鹿島建設
PC 施工：ピー・エス・コンクリート
構造規模：SRC 造，RC 造，PC 造
　　　　　　地下 1 階，地上 8 階
延床面積：9 710.80 m^2
工　　　期：1981 年 11 月～1983 年 2 月（16 カ月）

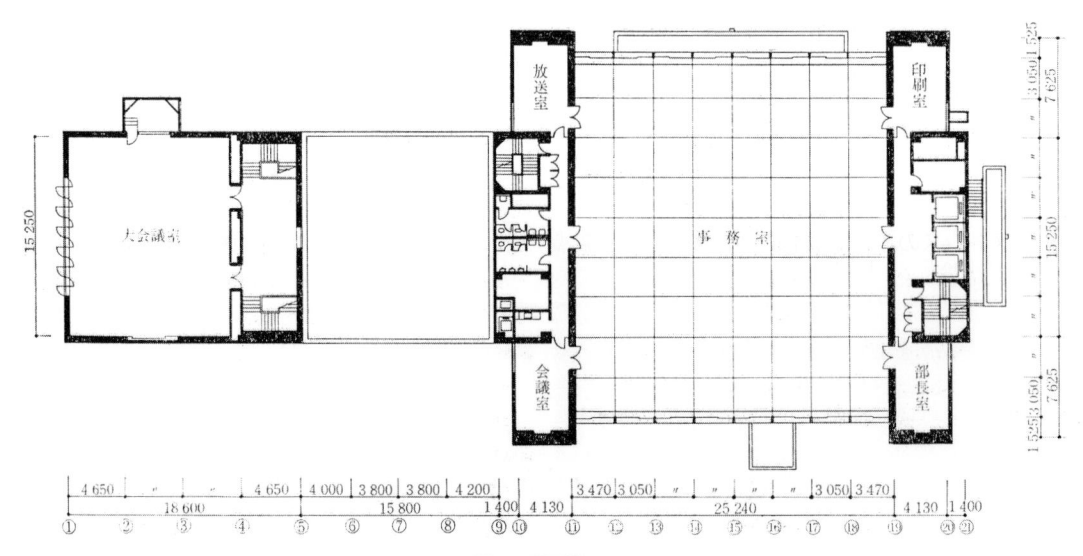

2．工事概要

　建物名称：住友電気工業伊丹製作所事務棟

図-2　平面図

3. 構造概要

主体となる構造はX,Y方向ともにSRCである。X方向の架構は図-3に示すように，コア部分の壁柱と地下1階および最上階の1層分を壁梁としたロの字形のメガストラクチャーで構成されている。このメガ架構は片側に2つずつ合計4架構あり，これらがX方向の全水平力に抵抗する設計となっている。

またY方向は，コア廻りのSRCラーメンとそれに付帯する耐震壁によって水平力に抵抗する構造となっている。

事務室空間の床はX方向に約3m間隔で配置されているスパン約25mで，せいが1.2mの場所打ちPC梁によって支持されている。またPC梁は，その両端をコア部の壁付きSRCフレームによって支持される構造となっている。

PC梁は鉛直荷重のみを支持し水平力は負担しない設計となっており，いわゆる小梁と見なすことができるため引張応力の発生を許容するパーシャリープレストレストコンクリート構造（II種PC）として設計されている。

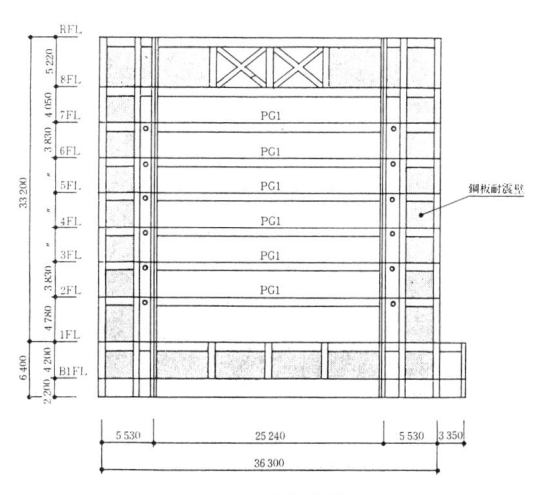

図-3 X方向架構断面

4. 施工概要

プレストレスの導入によってコア部のSRC架構に2次不静定力が生じることを避けるため，プレストレス導入時点ではPC梁とコア側の躯体とは連結されておらず，プレストレス導入後にPC梁はコア側躯体と後打ちコンクリートによって接合される。このため施工手順等はやや複雑なものとなっており，その手順に合せた施工時解析が実施されている。

先行してすべてのコア鉄骨の建て方が行われ，その後順次下階からPC梁およびスラブの施工が行われた。施工中のPC梁の軸縮みや鉛直たわみが計測されており，これらが予測値とよく整合することを設計者等は報告している。PC梁の設計基準強度は300kgf/cm^{2}でディビダーク工法が採用されている（写真-2, 3）。

写真-2 シースセット，PC鋼線挿入完了

写真-3 PC梁端部，定着金物

5. おわりに

SRC造のメガストラクチャーをPC梁で連結した構造で一見複雑そうだがPC梁は小梁として設計されており，地震時の水平力も負担しないという明快な設計がなされている。ただ，施工的には煩雑な手順が必要で工期も長くなったようだが，兵庫県南部地震では本建物が激震地に位置していたにもかかわらず無被害であったのは特筆すべきことであろう。

◎出 典
1) "中高層事務所の構造設計と施工（住友電気工業(株)伊丹製作所新築工事)"，プレストレストコンクリート Vol. 26, No. 1, 1984.

030 東北工業大学 7 号館
● プレキャストコンクリートトラスによる耐震要素
● 1984 年竣工

1．はじめに
東北工業大学 7 号館では，外壁に沿ってプレキャストコンクリート製のトラス（PCa トラス）を組み合せて構面を造り（図-1），ここで大部分の地震力を負担させる構造が採用されている。この 7 号館は宮城県沖地震（1978 年）で被災した 5 号館の耐震補強の経験を生かして設計されており，PCa トラスによる耐震構造は世界でも初めての試みである。によって掛け渡された構造となっている。ST 版上にはトッピングコンクリートが打設されており平面剛性を高めている。

短辺方向はコアに配置された 4 枚の RC 耐震壁で地震力を負担する。また長辺方向に関してはコア部のラーメンと前述の PCa トラスで水平力に抵抗する構造となっている（図-2）。

図-1　PCa トラス

2．工事概要
建物名称：東北工業大学 7 号館
所　在　地：宮城県仙台市八木山番澄町 35 番地 1
発　注　者：学校法人東北工業大学
用　　　途：学校
設 計 監 理：東北工業大学・建築学科
　　　　　　岡設計
施　　　工：青木建設
PC 施工：ピー・エス・コンクリート
構 造 規 模：RC，PC，地上 4 階
　　　　　　構面耐震 PCa トラス
延床面積：1 264 m^2
工　　　期：1983 年 5 月～1984 年 3 月（11 カ月）

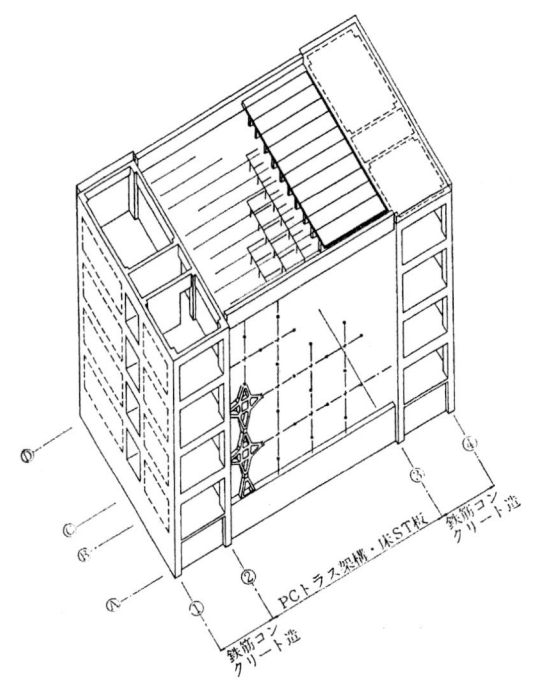

図-2　構造概要

3．構造概要
建物は両コア形式で，コアは RC 構造である。このコア間，15 m がシングル・ティー床版（ST 版）

4．施工概要
PCa トラス（写真-1）および ST 版はすべて工場製作されており，コンクリート設計基準強度はそれぞれ 550 kgf/cm^2 および 450 kgf/cm^2 である。

PCa トラスは 1 ピース約 1.2 tf で，ピース間はあらかじめ端部に埋め込まれたガセットプレートに添え板を当て高力ボルトで緊結した後，配筋してコンクリートを打設している（図-3）。また PCa トラスは，その端部に埋め込まれた金物を介して，PC 鋼棒を使用してコアの躯体に圧着されており，さらに ST 版とも PC 鋼棒を介して連結されている（図-4）。

次に ST 版は，コア躯体と一体に設けられた支承

写真-1 PCa トラス地組状況

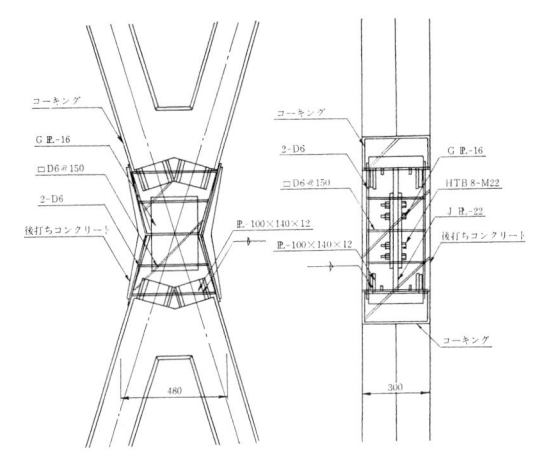

図-3 PCa トラス同士のジョイント

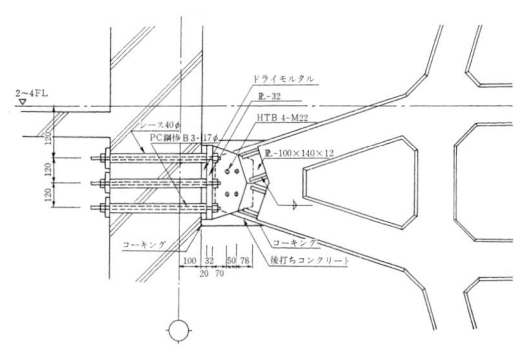

図-4 PCa トラスとコア躯体の接合

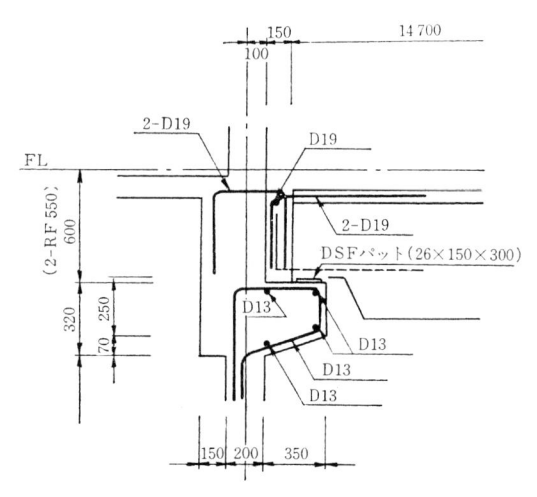

図-5 ST 版の支承部

部上にゴムパッドを介して架設されている。またコア躯体と ST 版は，**図-5** に示すようにアンカー筋と後打ちコンクリートによって緊結されている。

5．おわりに

PCa トラスは全体として単一の連続した壁と同じ性能を有する。よって内部には耐震要素が不要となり広々とした空間が確保できるし，外部からの採光が妨げられることもない。

また，このトラスは構造体の自重を受けていないため，地震で過度の被害が生じても容易に交換が可能となるといったメリットも合せもっている。このように長期荷重と地震荷重を異なる要素で負担する構造計画手法は，設計や施工面においても合理化が可能となるのではないだろうか。

◎出　典
1) "プレキャストコンクリートトラス耐震要素の研究"，第4回コンクリート工学年次講演会講演論文集，1982．
2) "東北工業大学7号館新築工事－PC工事の施工について－"，プレストレストコンクリート，Vol. 26, No. 1, 1984．

031 横浜市北部工場余熱利用施設

- H型プレキャストPC梁による円錐シェル
- 1984年竣工

1. はじめに

横浜市では，市内北部地域の将来30万都市を目指す港北ニュータウンの一角にごみ焼却工場（北部工場）を建設してきた。このプール施設棟は，北部工場から発生する余熱の有効利用と市民福祉の向上に寄与するため，余熱利用施設の一環として建設したものである。

これまで，温水プールの上屋は鉄骨造を採用してきたが，今回は港北ニュータウンのイメージや美観等を考慮して，コンクリート造の円錐台形屋根を採用した。このプール施設棟は，25mプールをはじめ，大中小の3つのプールがあり，下部直径44.5m，高さ15.3mの大空間建築となるので，プレキャストPC版を組み立てた構造体として計画されたものである。

2. 工事概要

建物名称：北部工場余熱利用施設プール施設棟
所 在 地：神奈川県横浜市緑区池辺町510番地
発 注 者：横浜市環境事業局
用　　途：プール
設計監理：日建設計東京支社
施　　工：銭高組・奈良建設共同企業体
PC施工：黒沢建設
構　　造：PC造（屋根）およびRC構造平屋
規　　模：地上1階
延床面積：2 804 m^2
工　　期：1983年5月～1984年10月（18カ月）

3. 構造概要

本建物は，図-1のような円錐台状の構造物であり，以下の構造要素からなっており，おのおのをPC鋼材で緊結した組み立て構造である。

斜材：長さ約21mのH形のプレキャストPC板（H板）。図-2にPC鋼材配置図を示す。
水平材：長さ約4mのプレキャストシングルT板（ST版）。
中央リング：直径約4mの現場打ちRC梁。
また，下部構造（RC構造）とは，上部構造施工完了後にPC鋼棒で緊結する。設計に関し，施工時，長期荷重作用時，地震荷重作用時（$C_0 = 0.3$），温度応力作用時の応力および変形の検討を行い，安全性を確認している。

規模の大きいPCプレキャスト部材を工場で製作し，現場で取付けを行い一体化する工法であり，とくに設計段階で下部の支持条件，各施工段階の応力状態の挙動把握を行っている。

4. 施工概要

施工順序を図-3に示す。プレキャスト部材の取付けは，図-4に示すように，ST版は，300tクロー

写真-1 全景

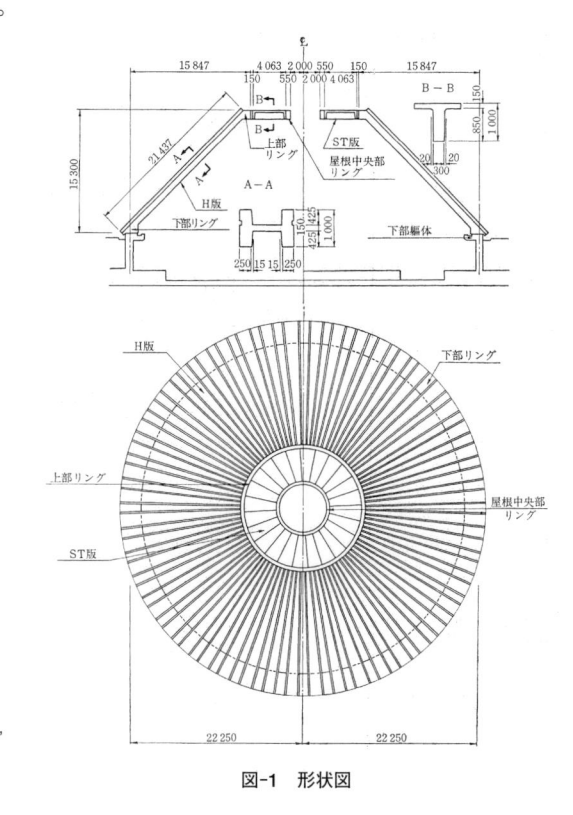

図-1 形状図

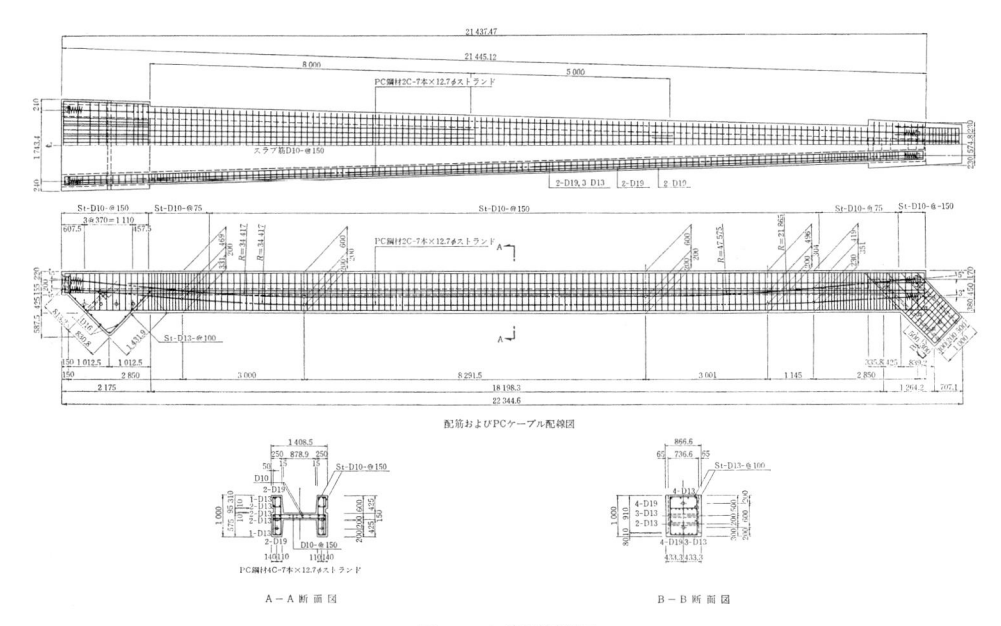

図-2 PC鋼材配置図

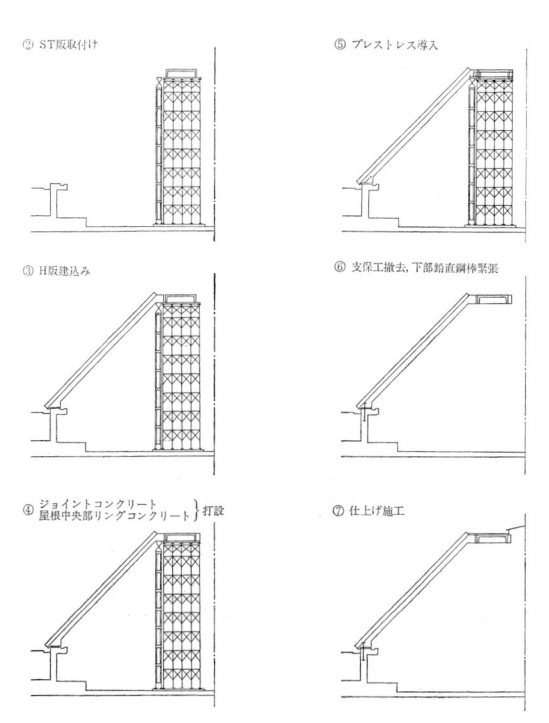

図-3 施工順序図

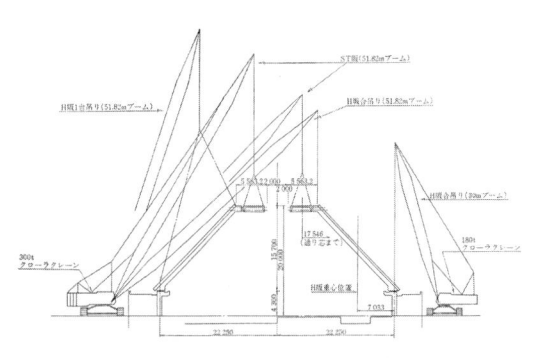

図-4 プレキャスト部材取付図

写真-2 ST版取付け状況

ラークレーンで吊り，H版は300tクローラークレーンでの1台吊り若しくは300tと180tクローラークレーンでのあい吊りとした。プレキャスト部材取付け後，ジョイント部屋根中央部のコンクリートを打設し，プレストレスを導入した。設計緊張力は，上部フープケーブル P_t =156 tf/本，下部フープケーブル P_t =130 tf/本，上部水平鋼棒 P_t =63.6 tf/本，下部鉛直鋼棒 P_t =42.0 tf/本である。

◎出 典
1) "横浜市北部工場余熱利用施設・プール施設棟上屋の設計と施工について"，プレストレストコンクリート，Vol. 26，No. 4，1984．

032 松山市総合コミュニティセンター（体育館）

- 重層で大スパンの体育館
- 1984年竣工

1．はじめに

本建物は、市民文化の創造と生涯教育の拠点として計画された総合コミュニティセンターである。プロジェクトは、1982（昭和57）年松山市が行ったコンペで、日本設計事務所・佐藤武夫設計事務所の設計JVが受託したもので、総工事費100億円以上を投じており、地方都市としては大プロジェクトであった。計画は全体で三期にわかれており、第Ⅰ期工事の体育館に始まり、第Ⅱ期工事の文化ホール・図書館・研究会館・こども館等、第Ⅲ期工事の企画・展示ホール・駐車場と昭和62年の完成までに5年を要している。

本項では、その第Ⅰ期工事として建設され、重層で大スパンを有することから、現場打ち一体式のPC構造が採用された体育館について説明する。

2．工事概要（第Ⅰ期）

建物名称：松山市総合コミュニティセンター体育館
所 在 地：愛媛県松山市千舟町
発 注 者：松山市
用　　途：体育館
設計監理：日本設計・佐藤武夫設計JV
施　　工：清水・大成建設JV
PC施工：黒沢建設
構造規模：屋根S造（鋼管立体トラス構造）
　　　　　下部RC造、SRC造、PC造（ラーメン＋ボックス耐震フレーム構造）
　　　　　地上3階、地下2階
延床面積：13 979.99 m^2
工　　期：1983年3月～1984年10月（19カ月）

3．構造概要

本建物は、GL-7.1mの砂礫層を支持地盤としている。地下階の平面の大きさが73.1×85.4mもあり、この地下部分に温水プール、サブアリーナ、駐車場が配置されており、大空間を必要とすることと、地下水位がGL-2.55mと高いことから梁せいを小さくするため、RC造の基礎梁では不可能と判断している。また、この駐車場の屋根には、2.0mの土盛りで庭園とするため、基礎梁、B1階、1階の大梁はすべて現場打ちPC構造で計画している。結果としては、メインアリーナ部分の地下構造と建物全体が一体となるようにバランス良く、プレストレス導入計画をとることができている。

図-1のPCフレーム図からもわかるように、地上2階はメインアリーナ大空間（61.9×49.6m）となっている。桁行方向6.2m×8スパンで、スパン方向のPCフレームは、34.0＋27.9mの2径間連続の重層大スパンPC構造で計画している。

メインアリーナ屋根は58.0×45.6mという大空間であり、軽量化を図る目的で、トラス高さ2.7mの鋼管立体トラス構造を採用している。下部構造につい

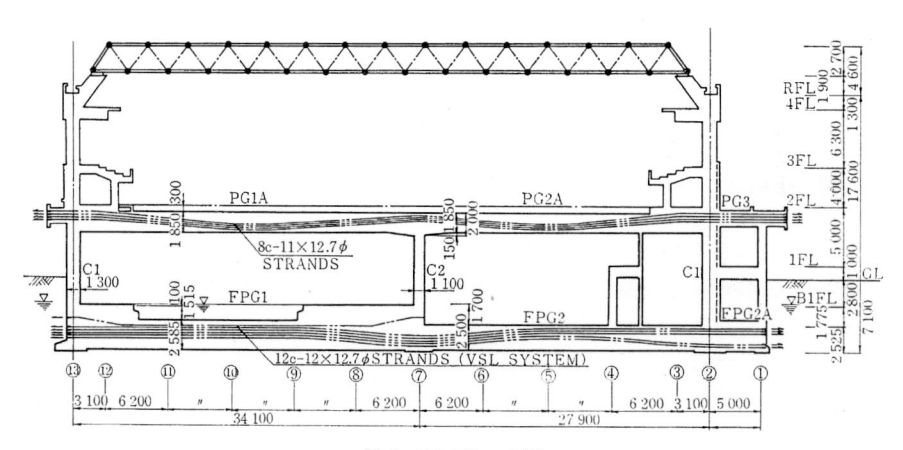

図-1　PCフレーム図

ても、大空間の耐震性能を確保するため、四隅の階段室を壁厚30cmのボックス耐震壁とし、建物全体をX, Y方向とも、格子状にプレストレスの導入を行うことによって、地震時のねじれ抵抗を確保できるようにつとめている。

4. 施工概要

従来行われてきた現場打ち一体式PCラーメン構造と異にする2階PC大梁は、柱がSRCのためSPC構造の仕口としている。柱鉄骨仕口部は、VSL工法の埋込みタイプのアンカープレートおよび鋼管シースをあらかじめ鉄骨柱に溶接により取付けている。(**写真-1, 2, 図-2**)

通常の大スパンPC構造による不静定ラーメン構造物の全長は40～50mぐらいまでが限界である。この理由は、PC大梁のプレストレス導入によって、弾性収縮が生じ、柱の不静定曲げモーメントが過大となる。PCフレームの全長が50mを超える不静定ラーメン構造物では、上下階の梁を同時に緊張することにより、柱に働く強制水平変位は0となり、プレストレスによる柱の不静定応力は、大梁PCケーブルの偏心によって生ずる拘束モーメントのみとすることができる。

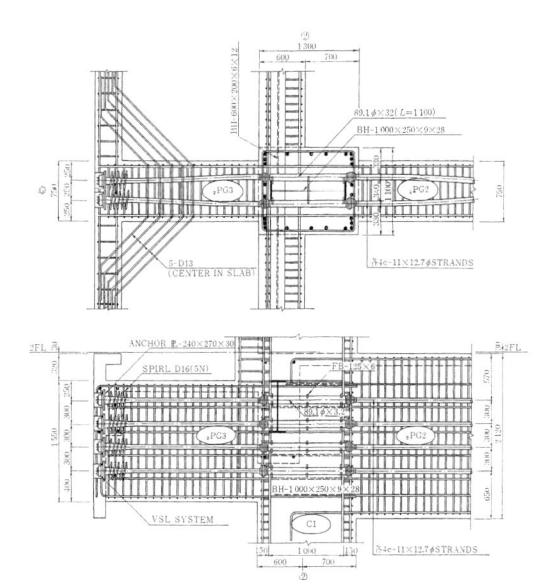

図-2 PC大梁端部詳細図

本建物では、四隅に剛性の高いボックスコアがあり、B1階には壁が多く、プレストレス導入後に、コンクリート壁を後打ち施工で行うことは困難で、一体で同時施工としている。しかし、プレストレスによる弾性収縮のクラックや有効プレストレスの付加が難しい等の問題があり、上下階の弾性収縮量の差を小さくする方法として、基礎梁と大梁の同時緊張方法をとることがもっとも良い解決策であると判断し、採用されている。

◎出 典
1) "松山市総合コミュニティセンター体育館の設計と施工", プレストレスコンクリート, Vol. 28, No. 1, 1986.

写真-1 ケーブル配線状況

写真-2 PC大梁断面図

033 つくばエキスポセンター
● プレキャストPCのプラネタリュームドーム
● 1984年竣工

1．はじめに
　本建物は，1985（昭和60）年に開催された，国際科学技術博覧会（科学万博）の唯一の恒久施設で，国際会議場とプラネタリュームの複合化として計画され，高品質TV大画面を使用した催しや各種会議が可能なつくばエキスポセンターである。建物は万博主会場より離れた，研究学園都市中心部のつくばセンタービルと松見公園の中間に位置している。ドームの直径は36.9mで，その内側に直径25.6mのプラネタリュームが配置されており，それは当時世界最大であった。構造的にも，ドーム全体を44分割したプレキャストPC部材で構成されており，当時のコンクリートドームの実績は，水道用PCタンクなどの現場打ちコンクリートが多く，プレキャストPCドームとして最大級である。

2．工事概要
　建物名称：つくばエキスポセンター
　所 在 地：茨城県つくば市吾妻2丁目9
　発 注 者：建設省
　用　　途：文化施設（プラネタリューム）
　設計監理：日本設計・佐藤武夫設計JV
　施　　工：大林・銭高・福田・常総開発建設JV
　PC 施工：オリエンタルコンクリート
　構造規模：RC造，SRC造
　　　　　　ドーム屋根 プレキャストPC造
　　　　　　地上2階，地下1階
　延床面積：10 497 m²
　工　　期：1983年5月～1984年12月（19カ月）

3．構造概要
　ドームの構造は，建物が永久施設であること，外部仕上げが壁・屋根ともにタイル張りであることなどから，コンクリート構造として設計している。ドーム内はプラネタリューム用スクリーン下地鉄骨が有り，ドームを現場打ちとし支保工を解体してからの施工だと工期が間に合わないということで，下地鉄骨を先に施工できるように，ドームはプレキャストプレストレストコンクリート版を架設し造っている（**写真-1**）。
　プレストレス量は垂直荷重（水平荷重）による円周方向の引張応力に見合う量を算出し，目地に引張力が生じないように横リブの位置（**図-1, 2**）にPC鋼材を配置している。PC鋼材は21.8φストランドを使用し，アンボンドCCL工法としている。これにより緊張時の摩擦ロスが少なく有効緊張力が大きくなり，目地部からの漏水に対しシース，グラウト，アンボンド材シール，グリス等鋼材を五重六重に保護できるようにしている。プレストレス力は，**図-3**に示すように四段にそれぞれ導入している。

写真-1　ドームの建方状況

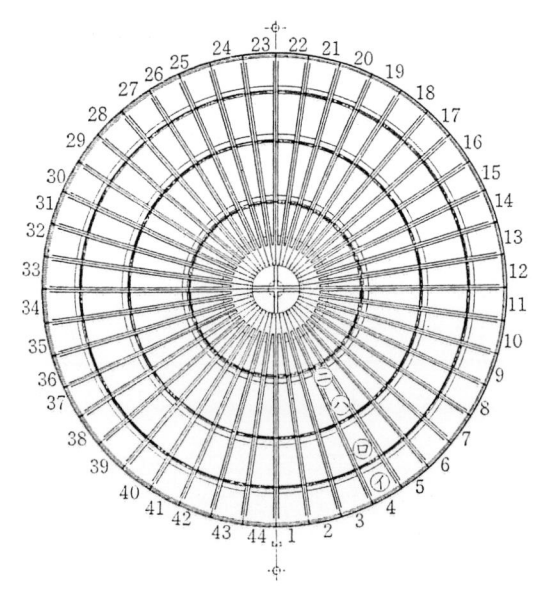

図-1　ドーム伏図

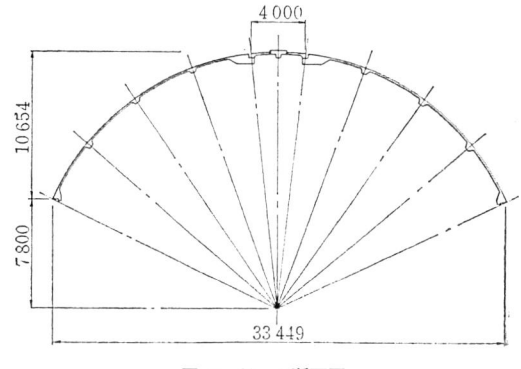

図-2 ドーム断面図

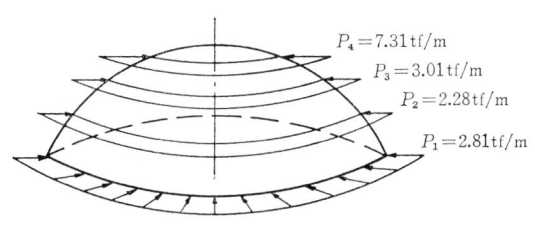

図-3 導入プレストレス

写真-2 PCa部材配筋状況

写真-3 ドーム頂部PCa架設状況

ドームのプレキャスト化に当っては，① 運搬が可能，② 架設重機の使用制限範囲内，③ 部材数が多くならない等の現場施工を考慮して，このドームは，縦割り44等分（**図-2**）にしており，頂部は円板をはめ込む形式としているが，寸法の関係で2枚に分割している。また，コンクリートの設計基準強度は400 kgf/cm^{2}としている。

4. 施工概要

プレキャスト部材の形は44ピースすべて同じであるが，横方向（緯線方向）プレストレス導入用ストランド位置の違いにより側面型枠の種類が19種類となっている。そこで基本型枠は一基とし，ストランド位置の型枠のみ取り換えることができるように工夫している。部材高低差が約3.4 mあるので足場が必要となり，作業荷重が型枠に作用しないようにしている。型枠の設置は定盤上に基準線を書き，レベルと下げ振りによって寸法を確認し，コンクリート打設ごとに移動，変形等をチェックする基準としている。鉄筋組立の時間を短縮するために型枠の横に鉄筋組立場を作り前もって組立てておき，クレーンで吊り上げ配筋している（**写真-2**）。

PCa部材は400 t機械式クレーンで，部材先端を中央の支保工に架設している。この時，支保工に変形が生じないように，部材を4方向から対称に架設している（**写真-3**）。

プレストレス導入は，目地モルタルの圧縮強度280 kgf/cm^{2}を確認した後，4台の油圧ジャッキにより，最下段のPCストランドから頂部に向かって順次緊張作業を行い，部材相互の一体化をはかりシェルを構成している。その後，アンボンドケーブルとシースの間にグラウト注入を行っている。また，部材が湾曲しており，プレストレス導入方向に対して直交にリブが付いているため，プレストレス導入時の応力を測定しその影響を調査している。

◎出 典
1) "つくばエキスポセンター プラネタリュームの設計と施工"，プレストレスコンクリート，Vol. 27, No. 2, 1985.

034 志布志運動公園総合体育館

- スパン 67.5 m の場所打ち PC 梁
- 1985 年竣工

1. はじめに

ここに紹介する運動公園体育館は、九州最南端に位置し、毎年、台風の玄関口となる志布志湾に面した場所に建設された。この体育館は、志布志町の総合運動公園整備事業の中核として計画された。

設計については、下記のような基本条件の下でコンペが行われた。

① 町民の健康と体育のための施設として、幅広く多目的に利用できる空間を構成し、必要な施設を設ける。

② 「より良いものをより安く」と町提示の条件に沿って、志布志町の気候、風土、塩害などを考慮する。

③ 外観は、志布志町の未来に向かって飛翔する姿をシンボリックに表現する。

④ 町民総合体育館として、多目的利用のために 40×60 m の床面積を確保し、かつ、ステージと 2 階には 700 人収容の観客席を設ける。

2. 工事概要

- 建物名称：志布志運動公園総合体育館
- 所 在 地：鹿児島県曽於郡志布志町安楽
- 発 注 者：志布志町
- 用　　途：総合体育館
- 設計監理：AOI 美建
- 施　　工：五洋・内山・竹永建設 JV
- PC 施工：オリエンタルコンクリート
- 構造規模：場所打ち PC・RC 構造＋PC 屋根版 平屋
- 延床面積：4 662 m²
- 工　　期：1983 年 12 月〜1985 年 5 月（18 カ月）

3. 構造概要

スパン 67.5×52.0 m（**図-1**）の無柱空間に耐久性を考慮して PC 構造を採用した。特徴は、通常は 52.0 m 方向に PC 山形架構とするが、この場合、デザイン上の意図で 67.5 m 方向に 2 本の梁をキール梁として架け（**図-2**）、直行方向に PC 屋根版を建て架けた。PC 大梁は断面も大きく重いので現場施工としたが、屋根の占める面積・空間・重量は膨大であり、架設支保工・型枠・鉄筋・コンクリートなどの材料と労務を節約すると同時に、構造上の応力を低減するため、屋根にはプレキャスト PC 版が採用された。また、キール梁に直行して、合掌梁を 2 か所設けることで、立体格子構造とし、建物全体の剛性を高めたこと

写真-1 外 観

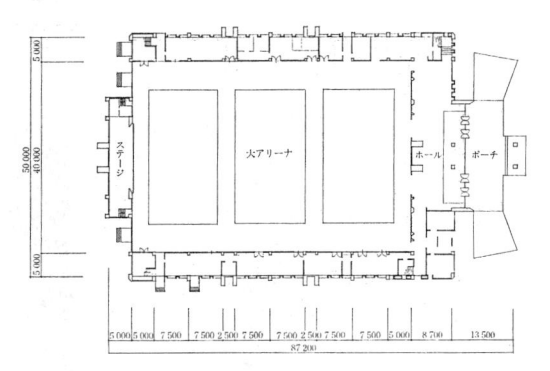

図-1 平面図

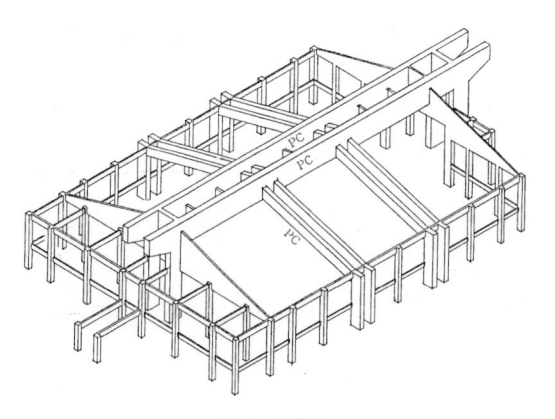

図-2 架構図

で雨仕舞などに好結果をもたらした。

4．施工概要

メインフレームと合掌フレームの施工手順は次のとおりである。

① 基礎・地中タイバーの施工。
② 柱および他の RC 部の施工。
③ メイン PC 大梁の施工。
④ 4 日後に約 10 kgf/cm^2 相当の仮緊張。
⑤ 山形合掌 PC 大梁の施工。
⑥ 同じく仮緊張。
⑦ 3 週間後養生に本緊張。
⑧ グラウト。
⑨ 3 週間後支保工解体。
⑩ 屋根版架設。
⑪ RC 部との後打ち施工部の施工。

ステージ上部架構のメイン架構とのかかわりは，当初，柱，壁で連続支持した形で考えたが，力の流れが大きく影響が大き過ぎ，かつ不明解なために柱・壁を遅れ施工とした。その後，一体化した後に屋根版の架設を行うことにした。

上記の通常解析のほか，温度変化，乾燥収縮，クリープによる影響や施工手順による PC 梁の変位とひずみなど，設計，施工においてさまざまな検証を行った。

◎出 典
1) "志布志運動公園総合体育館新築工事について"，プレストレストコンクリート，Vol. 28, No. 2, 1986.

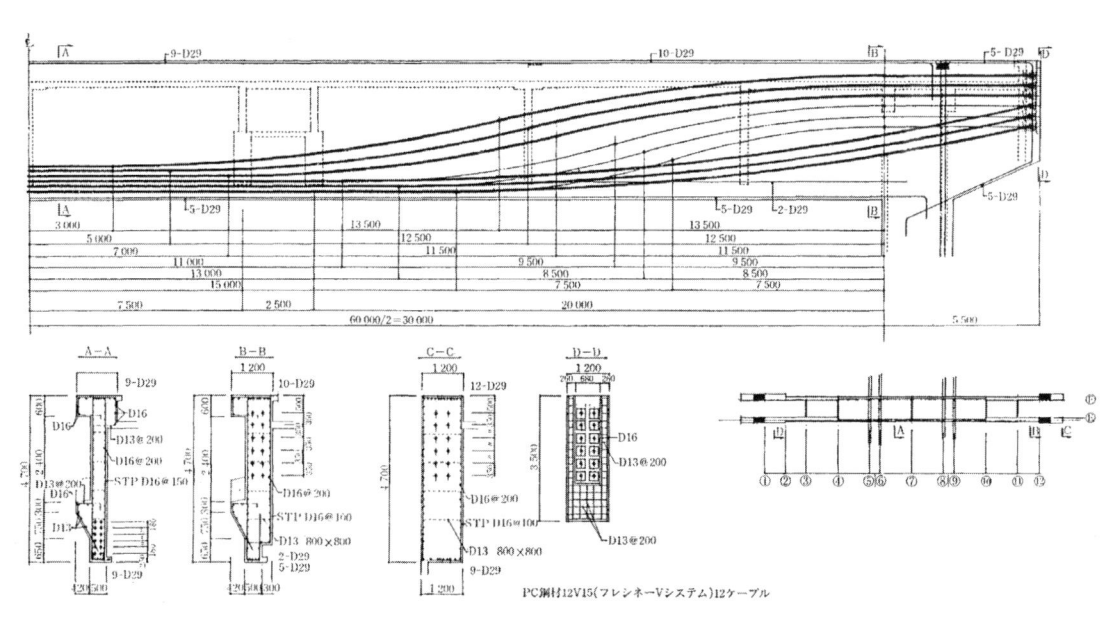

図-3 メインフレーム配線図

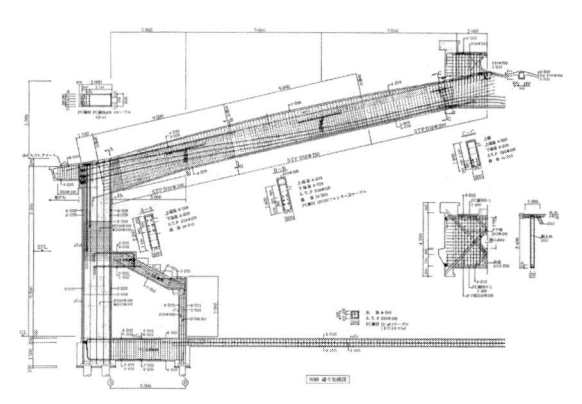

図-4 山形合掌フレーム配筋図

035 福島県あづま総合運動公園野球場
- プレキャストPC段床
- 1986年竣工

1．はじめに
　本施設は30 000人収容の本格的野球場で，グランドの規模は両翼100 m，中堅122 m，メインスタンドの建家はRC造3階建である。
　この野球場のスタンドの設計にあたって，プレキャストプレストレスト（以下PC）工法を採用した。これは構造技術，経済性，施工性について検討した結果，PC工法が充分満足のいく工法であると判断したためである。PC部材は，内野観覧席のスラブ部分に使用された。

写真-1　建物外観

2．工事概要
　　建物名称：あづま総合運動公園野球場
　　所 在 地：福島県福島市大字佐原字焼林地内
　　発 注 者：福島県
　　用　　途：野球場
　　設計監理：福島県福島建設事務所
　　　　　　　環境設計研究室
　　施　　工：奥村・佐藤・本多建設工事JV
　　PC施工：フドウ建研
　　構造規模：主体構造：RC造3階建
　　　　　　　観覧席：プレキャストPC段床
　　　　　　　大屋根：鉄骨造
　　延床面積：6 970 m^2
　　工　　期：1983年7月～1986年3月（33カ月）

3．構造概要
　桁行方向は，円弧状のラーメン構造（図-1），スパン方向は，V脚ラーメン構造（図-2）で構成されている。観覧席のスラブにPC部材を使用し，主フレーム，二階床，壁はRC造である。スパン方向の観客席の床を受ける斜めの大梁が扇状に配置されているため，桁行方向スパンがグランド側で6.7 m，外周部で9.0 mとなっている。同じ平面計画で観客席の床をRC造で設計した場合のスラブ自重は，小梁自重を含めて750 kgf/m^{2}となる。本設計のように，PC段床（図-3）を使用した場合，スラブ自重は1/2となり躯体の軽量化が図れた。
　階段状の床をRC造で施工する場合の煩雑な現場作業の改善と品質向上のために段床をPC化，わが国では初めての試みである。多段型を採用した理由は次のようなメリットからである。
　① 本工事の段床は，前列では蹴上が25 cmと低く，スパンが最大7.5 mと大きいため，一般型では断面性能が不足し，断面性能の優れた多段型が有利である。
　② 水平目地が，1/2から1/3に減少するため，シーリング工事のコストダウンが図れる。
　③ 製造効率，施工効率が良い。

4．施工概要
(1) PC段床の製造
　PC段床は，蒸気による促進養生を行い1日1サイクルで製造した。各段とも部材長さがすべて変化するため，長さ方向については，厳しい寸法精度が要求されたが±5 mm以内で納まった。PC段床の構造にあたり，観客席面を型枠のベット面として，段裏をコ

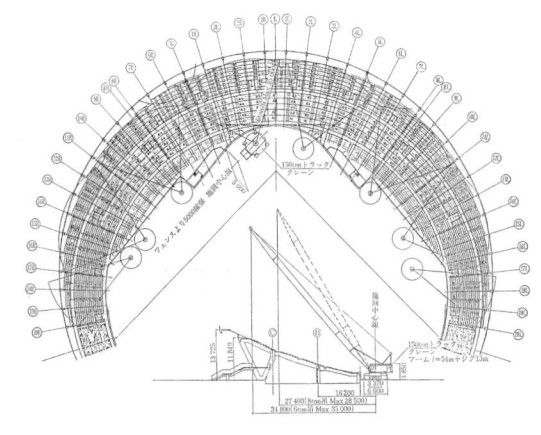

図-1　平面図・架設図

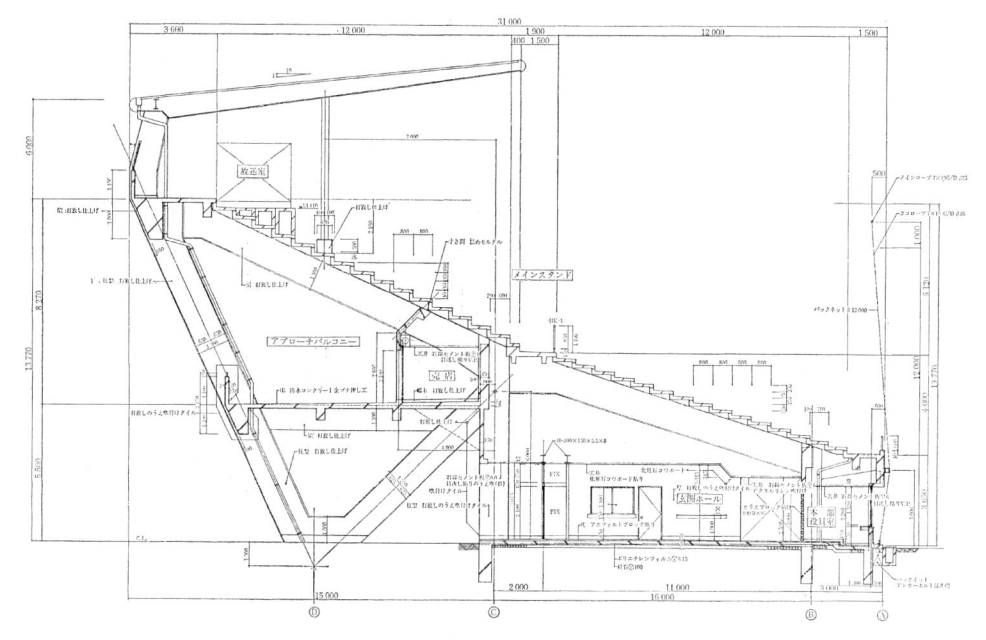

図-2 内野スタンド側面図

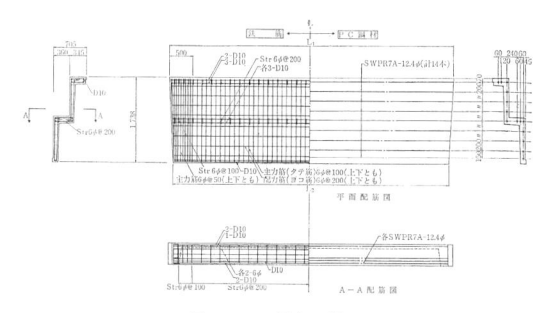

図-3 PC段床配筋図

写真-2 PC段床架設

ンクリート打設面としたため，反転作業は製品の脱型直後に行った。幅2.5m，長さ7.5m，重量7.2tfの製品を，効率良く作業できる反転治具が考案された。

(2) PC段床の架設

ライト，メイン，レフトスタンドともグランド内部より150tトラッククレーンを使用して架設した（図-1）。ストックヤードは，グランド内1日分25ピース程度ストックできるスペースを，クレーンの動線に沿って4か所設けた。

PC段床架設順序は，ライトスタンド20R通り側より始めた。クレーン作業半径に入る範囲を1ブロックとし，扇状にB通り側から20R，19R，18Rと1ブロック横1列を架設しレベル調整を行い，上の列へ進めた。本工事では，矩形の斜め大梁の上に，PC段床を相互に斜面の状態でセットするため，レベル微調整が難しく，時間を要した。PC段床の揚重は，四点吊りとし，玉掛けワイヤーロープに微調整用のチェーンブロックを継いで行った。架設後レベル測定を行い円弧300mの周上で±15mm以内の施工精度であることが確認された。

5．おわりに

PC段床は，プレストレスの効果により，断面設計では薄いコンクリート断面が可能になる。それに伴って振動障害が懸念されるところであるが，現場の測定結果からも振動障害はないと報告されている。

また，施工性・経済性・品質に優れているため，これ以後競技場などの観覧席に使用されている。

◎出 典
1) "プレキャスト・プレストレストコンクリート造野球場の設計と施工－福島県あづま総合運動公園野球場－"，プレストレストコンクリート，VOL.28, No.3, 1986.

036 新長崎漁港卸売市場
- 多スパンプレストレスフレームの工夫
- 1986年竣工

1．はじめに
新長崎漁港は長崎市三重地区に位置しており卸売市場は北棟と南棟の2棟にわかれている

2．建物概要
建物名称：新長崎漁港卸売市場整備事業卸売場棟
所 在 地：長崎県西彼杵郡三重町
発 注 者：卸売場棟建設企業体
用　　 途：卸売市場
設計監理：宮本建築設計事務所
構造規模：PC造平屋
施　　 工：卸売場等建設企業体
PC施工：フドウ建研，ピー・エス，オリエンタルコンクリート
工　　 期：1986年竣工

3．構造概要
主架構は軒高8.9mラーメン方向スパン18.6mの両側に6.7mのもち出し梁が取り付く。

桁方向は500mでハイアンドロータイプにより2スパン（19.9m×2）と1スパン（19.9m）の交互の配置により不静定応力と温度変化に対応している。

9工区に分割され，1工区の大きさは32.0×59.7m，

写真-1　全景写真

取合部分は一端ピン他端ローラー（ストッパー）とし温度応力や地震にの変形に追随できるよう配慮されている。

小梁は格子梁方式を採用し，X，Y，Z方向プレストレス（フレシネー工法）を導入している。

使用鋼材
  大梁 SWPR 7 B：12 T 15.2 mm
  小梁 SWPD：12 T 7mm，12 T 8mm
  コンクリート設計基準強度
  プレストレス部：$F_c = 350$ kgf/cm^2（大梁・屋根スラブ）
  躯体全般：$F_c = 210$ kgf/cm^2（基礎・柱）

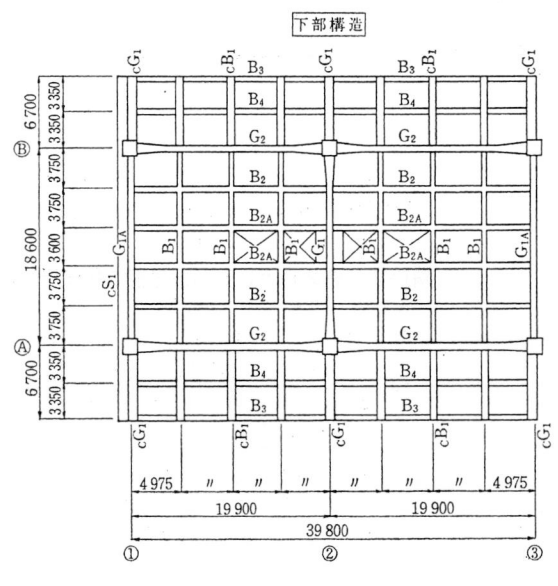

図-1　梁伏図

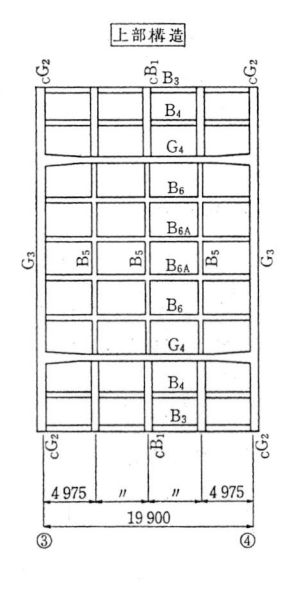

A 断面図

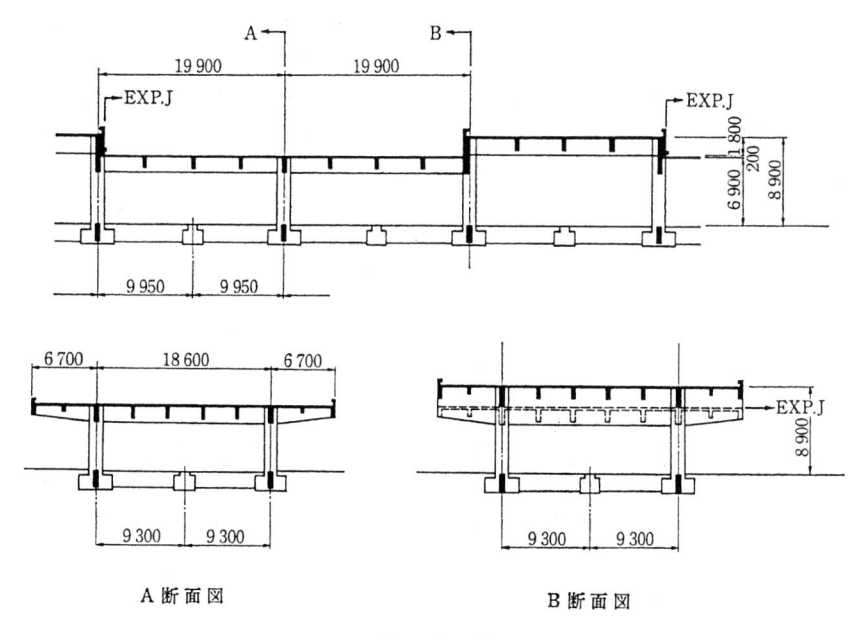

B 断面図

図-2 断面図

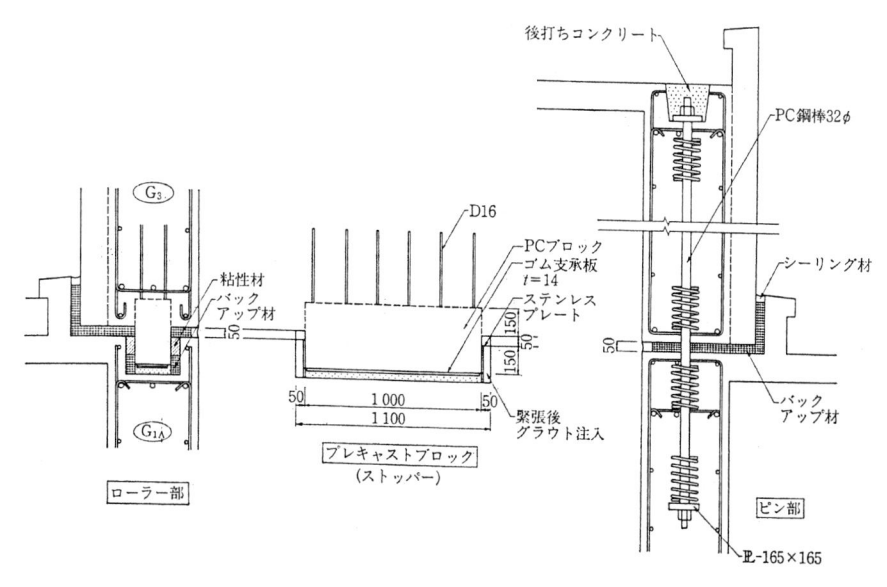

図-3 ピン・ローラー部詳細図

4. 施工概要

両方向とも均一にプレストレスが導入されるよう最終緊張まで3工程に分けている。

取り合い部分は一端ピン他端ローラーとしている。
① ピン側（PC鋼棒32φB種縦締め）
② ローラー側（プレキャストブロック＋ステンレスプレート＋ゴム支承）

5. おわりに

高強度・高密度のコンクリートを用いることは海に隣接する建築物として塩害対策にもまたひび割れ防止のためにも有利性は高い。

ハイアンドローの構造形式で長スパンのプレストレス構造が解決できる。

◎出 典
1) "新長崎漁港卸売市場の設計と施工"、プレストレストコンクリート、Vol. 29, No. 6, 1987.

037 大阪市長居公園球技場

● 斜め梁およびL形観覧席
● 1986年竣工

1. はじめに

本競技場は大阪市南部に位置する長居公園内にある。同公園に陸上競技場，野球場，プール，身障者スポーツセンターがあり市民のスポーツの場として親しまれている。収容人数13 000人のメインスタンドは幅148 m 奥行き41.5 m である。最上部8 m の片持ちをもつSRC斜め梁と7 m のL形PC段床で構成されている。

2. 工事概要

建物名称：長居公園球技場
所在地：大阪市東住吉区長居公園
発注者：大阪市
設計監理：大阪市都市整備局/東畑建築事務所
施　　工：フジタ・豊國建設JV
PC施工：フドウ建研
建築面積：6 862.83 m²
延床面積：11 843.58 m²
構造規模：SRC造，一部PC＋SRC造　3階
　　　　　プレキャストPC段床
工　　期：1986年竣工

3. 構造概要

主架構は観覧席勾配にあわせた折れ曲がり斜め梁により構成し，観覧席内部は3層のSRCラーメン構造となっている。桁方向は7 m スパンで建物全長は19スパン148 m である。長辺方向には2か所にエキスパンションジョイントを設け50 m 前後に区画し，温度応力，地震時の変形に対処している。

三角形の架構で，曲げモーメントと引張力を受ける2階梁（SRC造）は過大なたわみとひび割れを防止するために補助的にプレストレス（アンボンドPC鋼より線SWPR 19-17.8φ，6ケーブル）を導入した。

使用材料
　コンクリートPC段床：F_c =450 kgf/cm²
　躯体全般：F_c =240 kgf/cm²

4. 施工概要

PC段床の断面ユニットL形断面は製造が比較的容易で仕上がりがよいこと等の理由により採用された。勾配の変化を15タイプに押さえ，総数1 169ピースを7カ月で製作した。1日の取り付け量は40ピースでおこなった。

5. おわりに

観覧席のように同一断面の単純な繰り返し形状となるL形PC段床は，施工性，経済性，品質上プレキャスト化することにより大きな効果が得られる。

写真-1　建物外観

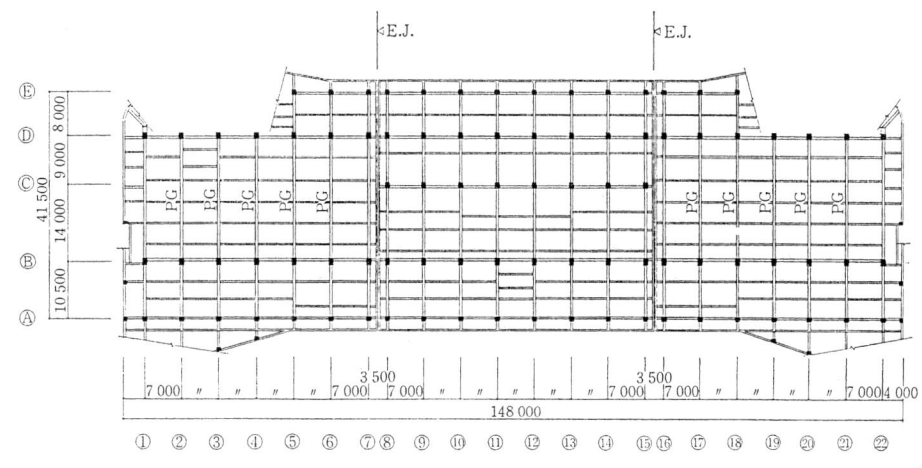

図-1 床梁伏図

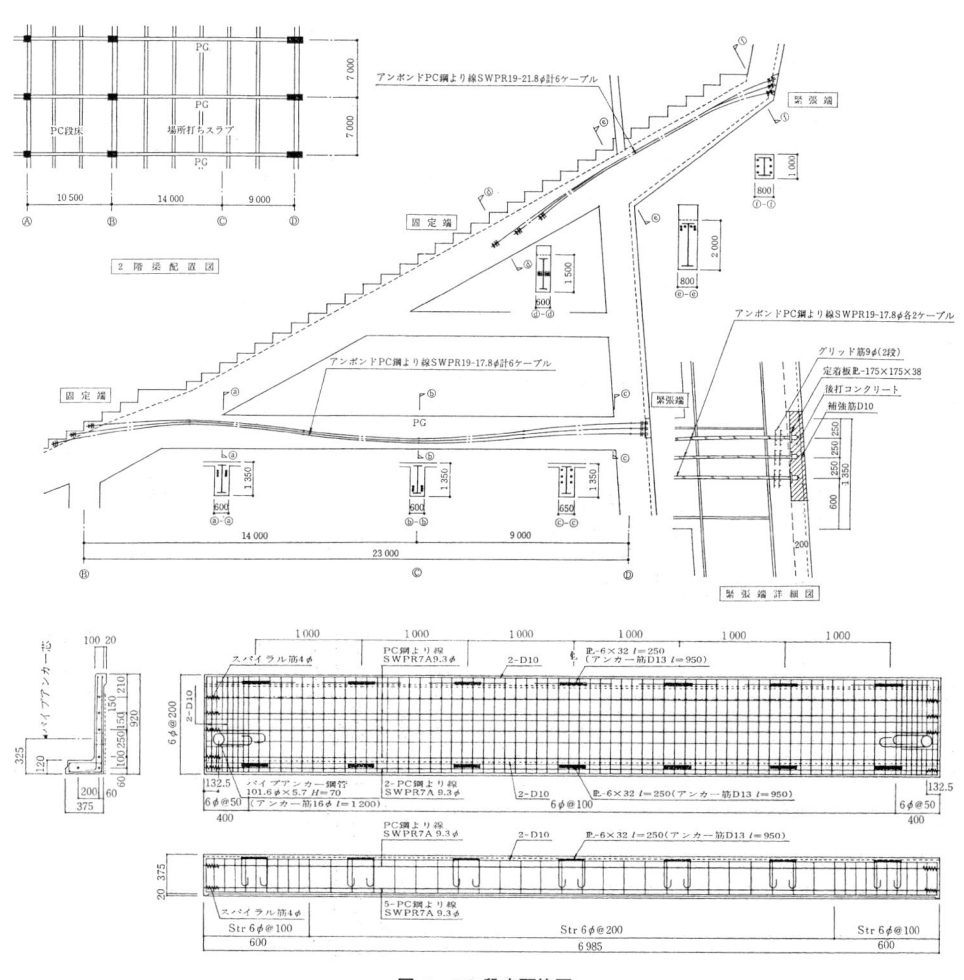

図-2 PC段床配筋図

◎出 典
1) "プレキャスト・プレストレストコンクリート造球技場の設計と施工", プレストレストコンクリート, Vol. 28, No. 1, 1986.

038 松山市総合コミュニティセンター（プラザ屋根）

● プレキャスト格子梁のプラザ広場屋根
● 1986年竣工

1．はじめに

本建物は，昭和58年より建設された松山市総合コミュニティセンター体育館の第Ⅰ期工事に続く第Ⅱ期工事である。第Ⅱ期工事は，文化ホール・図書館・研究会館・こども館等から構成されており，それらに囲まれた部分にプラザ広場がある。本プロジェクトは第Ⅲ期工事まであり，構造的な特徴として，全期にわたってプレストレストコンクリート構造を採用していることである。第Ⅰ期工事では，重層で大スパンの体育館に，場所打ち一体式PC構造，第Ⅱ期工事では，プラザ広場の格子梁とこども館スペースシアターのドーム屋根にプレキャストPC構造，同じくこども館のトップライト屋根に場所打ちの格子梁PC構造，第Ⅲ期工事では，工期短縮を考えハーフスラブ付プレキャスト格子梁PC構造とSRC造の組合せで，2層にわたる大空間の展示場を形成している。

本項では，第Ⅱ期工事として建設された，プレキャスト格子梁のプラザ広場屋根について説明する（**写真-1**）。

写真-1　プラザ広場の格子梁

2．工事概要（第Ⅱ期）

建築名称：松山市総合コミュニティセンター文化
　　　　　ホールこども館ほか
所 在 地：愛媛県松山市千舟町
発 注 者：松山市
用　　途：研修施設，文化ホール，図書館，こども館
設計監理：日本設計・佐藤武夫設計JV
施　　工：清水・大成・フジタ・間建設JV
PC 施工：黒沢建設
構造規模：RC造，SRC造，S造，PC造
　　　　　プラザ広場屋根PC格子梁
　　　　　地上3階，地下2階，塔屋1階
延床面積：23 320.47 m²
工　　期：1984年10月～1986年12月（26カ月）

3．構造概要

この格子梁は，文化ホール，図書館，研修会館の3棟に囲まれた32×32 m，約1 000 m²のプラザ屋根を支える骨組である。この骨組が即屋根のデザインとなった例である。

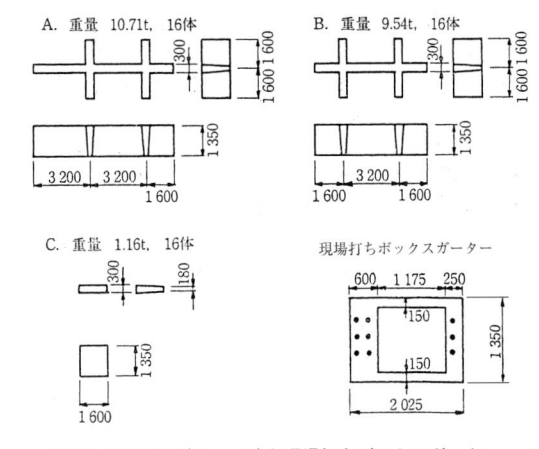

図-1　PCa部材（A～C）と現場打ちボックスガーター

格子梁のグリットは建物本体のモジュール寸法に合せて3.2 mとしている。格子梁を支える四周の梁については，捩れ剛性のない端部ピン状態のものは，格子梁中央部のたわみが約3倍になることや，支点での集中荷重が生じること等に対応するために，梁幅を十分確保して捩れ剛性を高めている。

プレキャスト部材の基本形状はキ字形であり，ピース数は，非対称（A），対称（B）のキ字形がそれぞれ16ピース，I字形（C）が16ピースで合計48ピースとなっている。格子梁は，この48ピースを現場打ちコンクリートのボックスガーターで四周を固めて構成している。そのPCa部材とボックスガーターを**図-1**に示す。

4. 施工概要

施工方法は，まず非対称キ字形を両サイドに，その中間に対称キ字形を直列に並べていく。**写真-2，3**にその状況を示す。この繰り返しでキ字形PCa部材を全部敷き並べた後，これと直交方向の両サイドにI字形を並べてすべてのピースのセットが完了する。次に四周の現場打ちボックスガーターの配筋および配線を行う。PCa部材にすべてストランドの配線をし，格子梁節点に設けられているジャッキでレベルを合せて周辺ボックスガーターのコンクリートを打設している。**図-2**に各ピースの割付を示す。現場打ちコンクリートが所定の強度に達した所で各梁にプレストレスを導入している。その後，格子梁各節点のジャッキダウンを行っているが，この順序は中央部から周辺に向かって行い，最後に四周の仮支柱を外している。

格子屋根を支える支持点は**図-2**で白丸印，黒丸印で示したか所である。ピン支持部の鋼棒による圧着接合のうち，X_5，Y_{13}はシース内にモルタルグラウトを行って移動を止め，その他は鋼棒のシース内にはグリースを充填して移動を可能にしている。ローラー支承は鋳鋼製で，面内に対しては水平移動回転するが，上揚力に対しては動きを止めている。**図-3**にピン支承の詳細図を示す。

◎出典
1) "松山市総合コミュニティセンター新築工事－プラザ屋根のプレキャスト格子梁の設計と施工－"，プレストレストコンクリート，Vol. 30, No. 3, 1988.

写真-2 PCa部材架設状況 (1)

写真-3 PCa部材架設状況 (2)

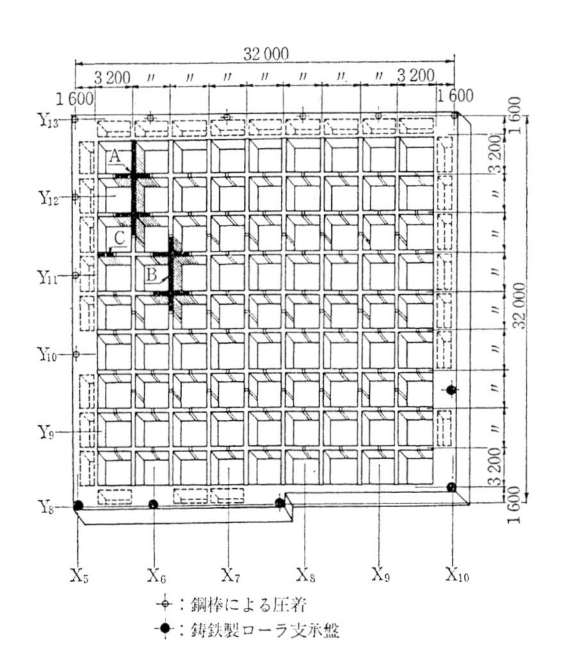

図-2 ピース割付図

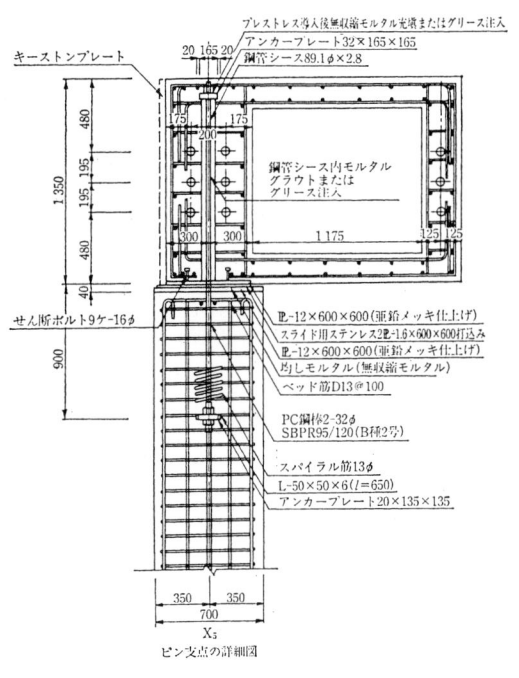

図-3 ピン支承詳細図

039 東京都中央卸売市場大田市場立体駐車場

- 大規模PC立体駐車場
- 1988年竣工

1. はじめに

本建物は，東京都の城南地区の地元市場として，又青果物，水産物，花きの総合市場として整備されるもので，自動車時代に対応するように計画されている。

立体駐車場は，長辺方向108m，短辺方向51.3mのうち両サイド16.4mを駐車場スペースとしプレキャストPCの柱・梁圧着工法およびダブルT（DT版）スラブ（DT版）を採用している。中間部の18.5m車路部は場所打ちRCとし経済性を考慮した計画になっている。

2. 工事概要

建物名称：東京都中央卸売市場大田市場立体駐車場
所 在 地：東京都大田区
発 注 者：東京都
用　　途：青果物，水産物，花きの市場
設計監理：東京都中央卸売市場・日建設計
施　　工：鉄建・東建協建設JV
PC 施工：黒沢建設
PC 製作：黒沢建設・オリエンタルコンクリート・フドウ建研・ピーエスコンクリート
構造規模：RC造，PC造　地上5階，塔屋1階
延床面積：26 346 m²
工　　期：1986年7月～1988年6月（24カ月）

3. 構造概要

本建物は地上5階建の乗用車を対象とした駐車場である。

16.4×108.0mの駐車スペースを2列に配し，その間が斜路・階段等のコアになっており，左右対称の安定したシンプルな平面形である。

構造計画上下記の点と留意している。

① 駐車場スペース部分は均等グリットであるので，同一部材を繰り返し使用し，経済性を考慮してプレキャスト部材を採用している。
② 敷地が臨海部により，塩分を含んだ空気にさらされるので，耐久性に富み，メンテナンスを容易な構造形式にしている。
③ 平面構成から，耐震要素が確保でき，大部分の水平力を耐震壁に負担させている。

以上の事より，構造形式はRC造とし，駐車場スペースをプレキャストPC造，コア部分は現場打ちRC造とし，B・H通りで両構造を結んでいる。

PC構造部分は，図-4に示すような部材から構成されている。

B・H通りは，柱がRC造によりコア部分を先行して施工をし，RC造でPC梁受けのブラケットを作成している。このため，柱のシャーパネル部分はPC材と同じ40N/mm²のコンクリートとしている。

床スラブはDT版でプレテンション方式とし，ト

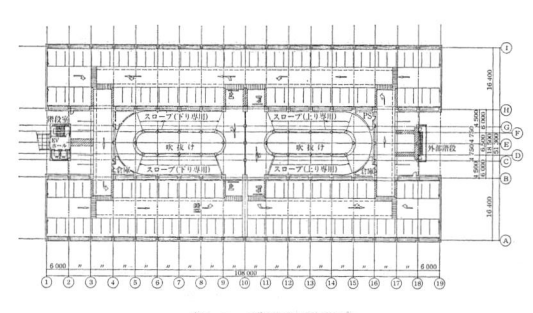

図-1　基準階平面図

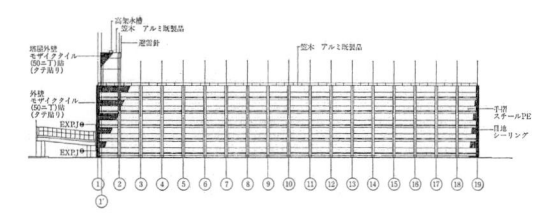

図-2　南立面図

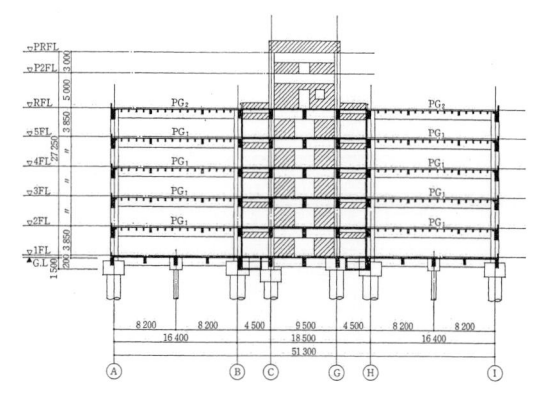

図-3　スパン方向軸組図

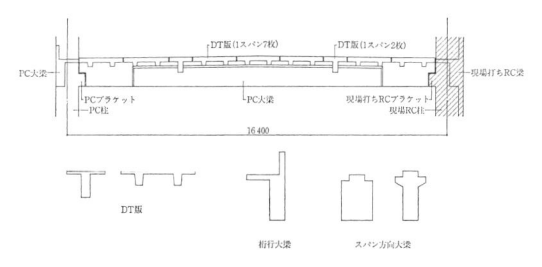

図-4 構造模式図

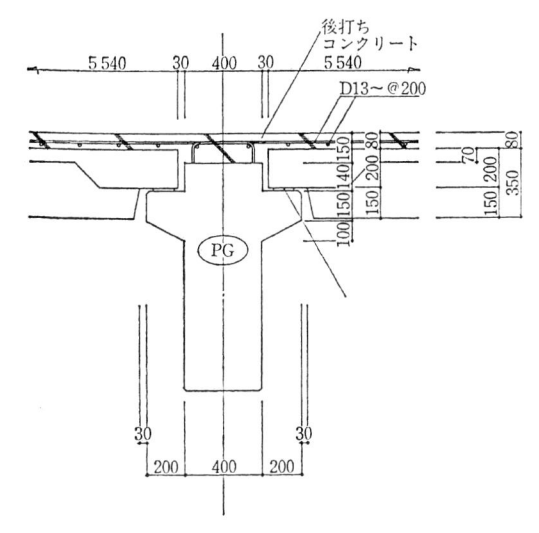

図-5 DT版とスパン方向大梁の取合い

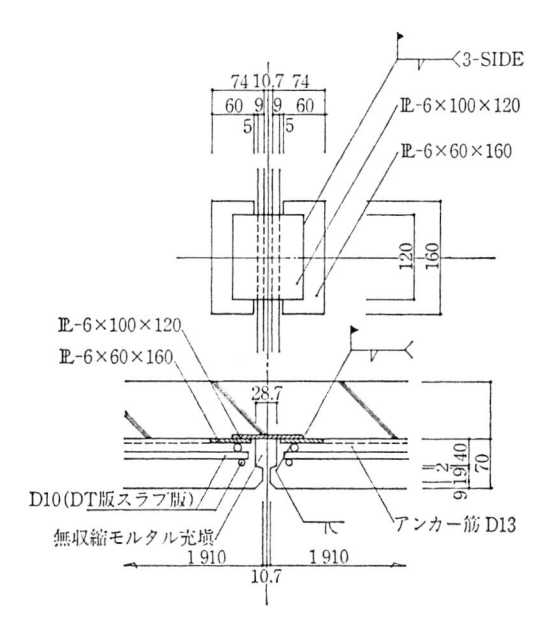

図-6 DT版とDT版の取合い

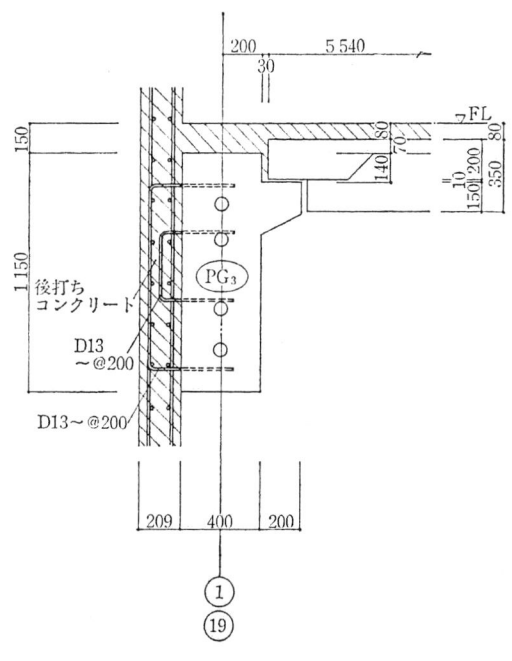

図-7 現場打ちRC壁とPC梁の取合い

ップコンクリートは8cmになっている。また、1スパン9枚のDT版の内2枚は小梁を内蔵し大梁間をPC鋼より線で緊張している。

4. 施工概要

使用鋼材は、柱にはPC鋼棒（SBPR 95/110）26φ、大梁は8本の、12.7φストランド、2本のPC鋼棒（SBPR 95/110）26φを用い、ポストテンショングラウト方式を採用している。大梁は一次ケーブルで、大梁自重、DT版による単純梁の応力で設計し、工場でグラウトして現場に搬入している。さらに、二次ケーブルは現場架設後緊張しグラウトを行っている。

現場打ちコンクリート部分とDT版、DT版どうしの接合は水平力より決められている。その取り合いを図-6に示す。また、B・H通り桁行き大梁、19通りの4枚の耐震壁との取り合いは、あらかじめPC部材にシアーコネクターを挿入しておき、これに現場鉄筋をからめてコンクリートを打設する。その取り合いを図-7に示す。

◎出 典

1) "東京都中央卸売市場大田市場立体駐車場の設計と施工"、プレストレストコンクリート, Vol. 30, No. 3, 1988.

⓪⑷⓪ 谷津パークタウン参番街立体駐車場

- PC立体駐車場システム
- 1989年竣工

1. はじめに

今日の車社会を反映して、団地において居住者の駐車場を確保する必要がある。このような要求を経済的に満たすPC駐車場のシステムを採用した。

このシステムは、住宅・都市整備公団とプレストレストコンクリート建設業社4社（黒沢建設、オリエンタルコンクリート、ピー・エス・コンクリート、フドウ建研）からなるPC駐車場研究会との共同により開発が進められたシステムである。

2. 工事概要

建物名称：谷津パークタウン参番街立体駐車場
所 在 地：千葉県習志野市
発 注 者：住宅・都市整備公団　東京支社
用　　途：立体駐車場
設　　計：住宅・都市整備公団　東京支社
監　　理：住宅・都市整備公団　千葉工事事務所
施　　工：奥村組・岩倉建設JV
PC施工：フドウ建研・オリエンタルコンクリート
構造規模：PC組立工法：平屋
　　　　　基礎・基礎梁・壁：RC造
　　　　　柱・梁：PC造
　　　　　床：ハーフPC造
延床面積：A棟　968.03 m^2　駐車台数　88台
　　　　　B棟　1359.10 m^2　駐車台数　132台
工　　期：1988年7月～1989年1月（7カ月）

3. 構造概要

(1) PC部材の設計概要

a. 柱・梁の設計　PCの柱、大梁はポストテンション方式とし、大梁の材長が15.5mと長いので工場で一次緊張を行っている。

柱・桁梁の接合は圧着工法とし、柱・桁梁にはPC鋼棒32φを使用している。

また、柱とスパン梁とは二次緊張としてVSL工法（7-12.7φ）を使用している。

b. 床板の設計　床板はプレテンション方式で、現場架設後床板上部にコンクリート（$F_c = 21\,\text{N/mm}^2$）を打設し、合成床板として設計してある。

(2) PC部材の製作概要

柱・梁は2本/日、大梁は1本/日の割で製作し、総数100部材を約40日で完了している。

床板はロングラインベットで作成し、160枚を同じく約40日で完了している。

写真-1　駐車場内観

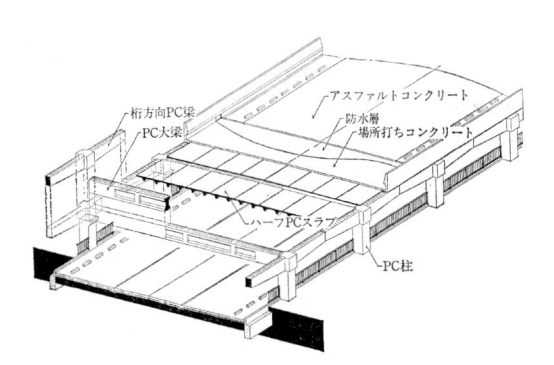

図-1　PC駐車場システムの概要図

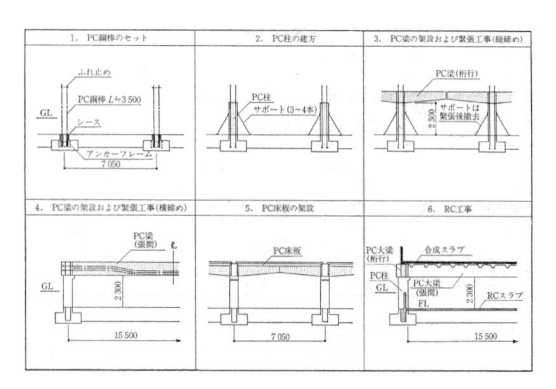

図-2　PC駐車場システムの施工手順

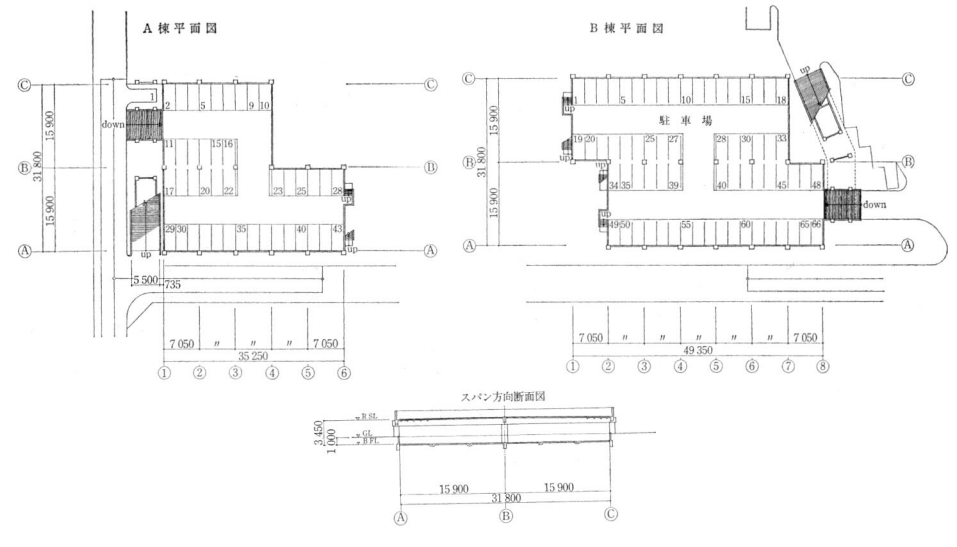

図-3 平・断面図

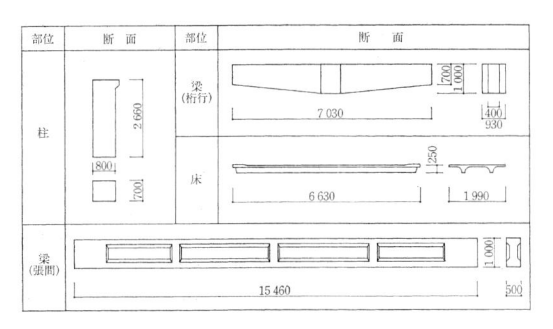

図-4 PC部材リスト

柱・梁は圧着接合により，製作時のシースの位置の許容誤差を±3mmとしている。

4. 施工概要

PCの建方に先立ち基礎部分にPC鋼棒をセットする。柱・梁の施工は周辺に空地が少ないため中吊り方式とし，柱・桁梁は45t，60tのトラッククレーンで架設している。柱と基礎を一体化するためPC鋼棒の緊張を行い，その後大梁（自重16.5tf）を160tクレーンで架設している。

目地グラウトの後，柱と大梁の緊張を行って，フレームの架構を完了させている。

床板の施工は外吊りとし，大梁と同じく160tクレーンを使用して，総数96枚の床版を2日で架設している。

A棟，B棟とも，PC工事としては建方開始から14日で組み立てを完了している。

床板架設後上部コンクリートの施工を行い，十分な養生期間をおいて，仕上げとしてアスファルトコンクリートを打設している。

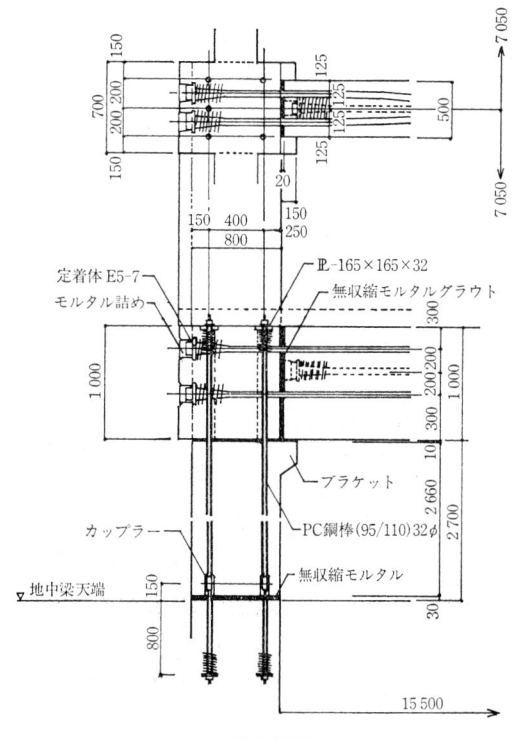

図-5 接合部詳細図

◎出 典
1) "PC立体駐車場システム"，プレストレストコンクリート，Vol.31, No.3, 1989.

041 和泉市立コミュニティーセンター体育館

- ドーム型シェル屋根の設計と施工
- 1989年竣工

1. はじめに

本体育館は，水と緑に囲まれた光明寺公園内に建設され，周囲の景観に調和するデザインが志向されている。こうしたデザインを具現化するためにPC構造が採用された。

2. 工事概要

建物名称：和泉市立コミュニティーセンター体育館
所 在 地：大阪市和泉市光明台
発 注 者：和泉市
用 途：体育館
設計監理：梓設計
施 工：村本建設
PC施工：フドウ建研

構造規模：RC造2階
　　　　　アリーナ部大屋根　PCaPC造
工 期：1989年竣工

3. 構造概要

(1) アリーナ部大屋根の形状

直径50m，ライズ7.15m（曲率半径約47.3m）の扁平球殻の大型ドームで，経線方向に48ピースをリング状に敷き並べ，それらを一体化するため目地モルタルを充填し緯線方向にプレストレスを導入している。ドームの支持部は地震，クリープ，乾燥収縮，温度などにより水平変位を生じ易いので，法線方向はローラー支承，接線方向はピン支承としている。したがって水平荷重（地震，風，クリープ，乾燥収縮，温度）は大屋根を支持する主体部に対して，大屋根すそリング部の接線方向力のみが伝達される構造となっている。すなわち法線方向変位が主となるクリープ，乾燥収縮，温度等の影響は主体部に伝達されない。

(2) PC版の形状

大屋根主要部を構成するセグメントは，すそ部幅3.25m頭部幅1.0m，長さ17.8mの扇形となっている。PC版の断面は120〜200×750mmの2本の梁型と厚さ70mmのスラブ部から構成されたチャンネル型となっている。PC版内部には，6個の短辺方向リング梁が内蔵されており，それぞれのリング梁にはプレストレス導入のためのシースが設置されている。

コンクリート：PC版　$F_c = 500 \text{kgf/cm}^2$
PCケーブル：SWPR7B，SWPR19

写真-1　内観

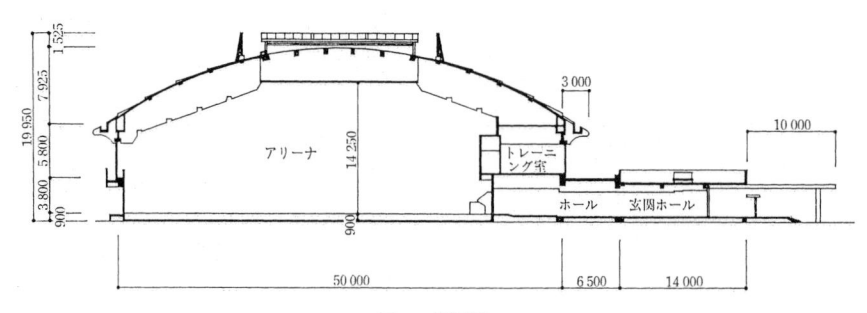

図-1　断面図

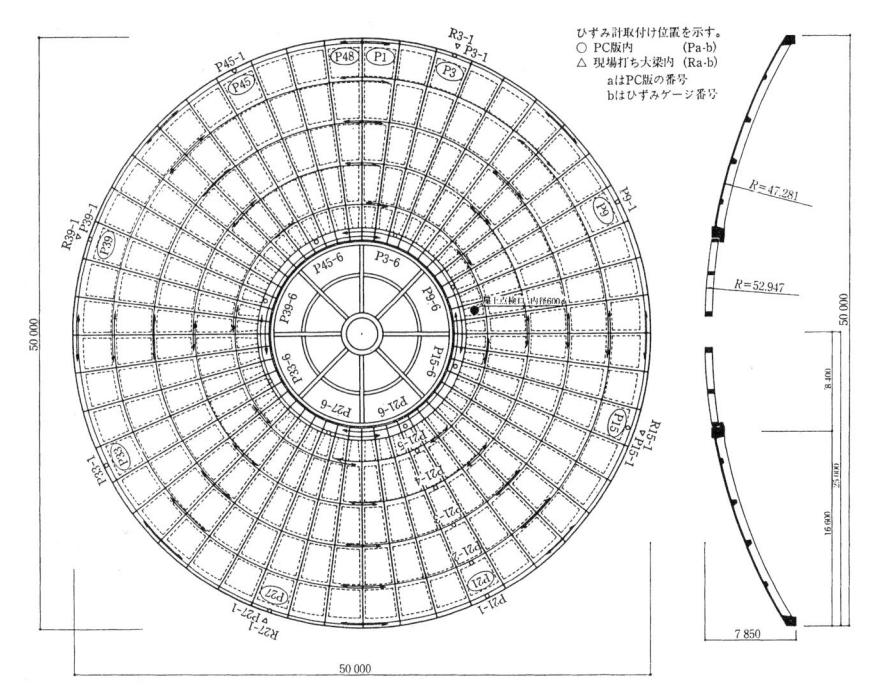

図-2 大屋根伏図

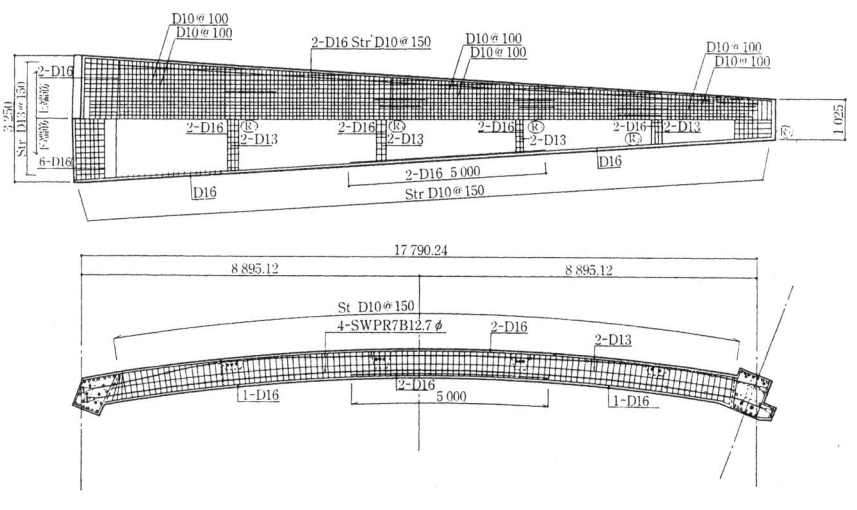

図-3 PC版形状図

4. 施工概要

① あらかじめ円形のアリーナ中央に設けた仮設架台と大屋根を支持する主体部の間に，扇形のPC版をリング状に敷き並べる。
② PC版相互の目地部にモルタルを充填する。
③ PC版に内蔵したリング梁にプレストレスを導入し，緊結一体化する。
④ 大屋根中央のトップライト部を施工する。
⑤ アリーナ中央に設けた仮設架台を撤去する。
⑥ 仕上げ工事を施工する。

◎出 典

1) "和泉市立コミュニティーセンター体育館新築工事—プレキャスト・プレストレストコンクリート版を用いたドーム型シェル屋根の設計について"，プレストレストコンクリート，Vol. 32, No. 3, 1990.

042 多磨霊園納骨堂

● 逆円錐プレキャストPCシェル構造
● 1992年竣工

1．はじめに

東京都では公共墓地の確保が困難になってきたことより，従来の土地区画分譲型の直接参拝形式の墓地から，納骨堂を積層し，収容体数を増加することが可能な間接参拝形式の納骨堂を多磨霊園に建設した。

本納骨堂は頂部の直径が58.4m，低部直径36.0mの逆円錐型であり，参拝・献花を納骨堂入口部に設置された祭壇で行うため，逆円錐空間の中心部からすべての納骨壇が参拝できるように計画されている。逆円錐PCシェル構造は場所打ち造とするのが一般的であるが，本建物は外壁仕上げがコンクリート打放し仕上げとされたため，仕上げ面の美観で有利なプレキャスト造が採用された。

写真-1　全景

2．工事概要

建物名称：多磨霊園納骨堂
所 在 地：東京都府中市多磨町
発 注 者：東京都
用　　途：納骨堂
設計監理：西部公園緑地事務所
　　　　　内井昭蔵建築設計事務所
施　　工：間・村本・古久根建設JV
PC施工：黒沢建設
構　　造：外壁・床：PCaPC造
　　　　　屋根・回廊：鉄骨造
延床面積：3 446.9 m²
工　　期：1991年10月～1993年3月（18カ月）

3．構造概要

本建物の屋根（鉄骨ドーム）を支える逆円錐PCシェルの大きさは，頂部直径58.4m，下部直径36mであり，地下1階床（GL-4.1m）からのシェル高さは16mである。本建物では，壁面シェル部分を柱列ユニット（円周方向に144等分したシェル要素）の集合体と考え，リング方向のプレストレスにより一体化するプレキャスト工法が採用された。またシェル全体の8等分ごとにリング方向のプレストレスを行ってシェル全体を圧着するため，プレストレス導入定着体を備えた柱ユニット（バットレス）が8等分割位置に配置された構造となっている。

シェル底面部は基礎と一体な不静定架構とせずに単

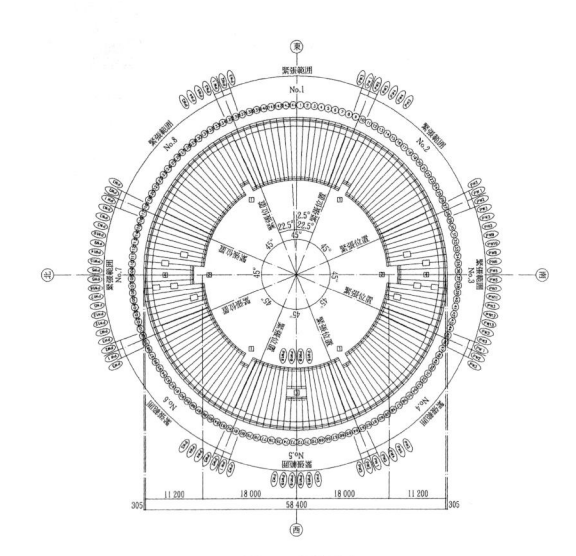

図-1　平面図

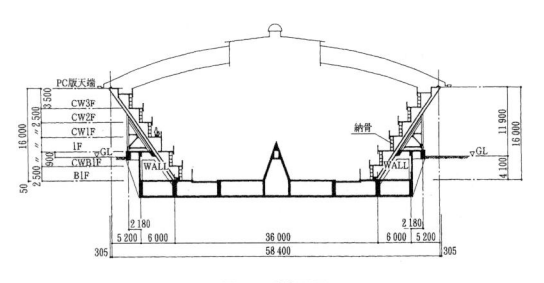

図-2　断面図

純支持の状態とするため，全周に渡って弾性のゴムマットを敷き，プレストレスによる軸変形の影響を無くす仕様となっている。さらにシェル底面部と基礎は弾性ゴムマットの水平変形を拘束しないよう，手締めによる垂直PC鋼棒で連結し，シェル脚部内側に鉄筋コンクリートせん断コッターを設置することで地震時水平力に対処している（**図-3**）。また，円周方向は全体が安定した逆円錐PCシェル構造を維持するために必要な量のプレストレスが導入されている。

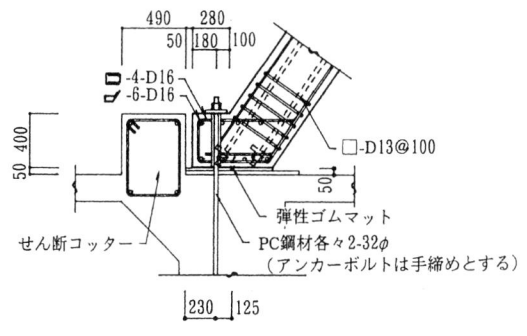

図-3 シェル脚部詳細

4．施工概要

144等分されたPCユニットは，PCシェルが一体に圧着されるまで約55°の傾斜角を保持し続ける必要があり，あらかじめ円周方向に支持構台となる鉄骨フレームが構築された（**図-4**）。PCシェルユニットは脚部弾性ゴムマットと支持構台先端の2点で支持させ，バランス良く対称となるように架設が行われた。

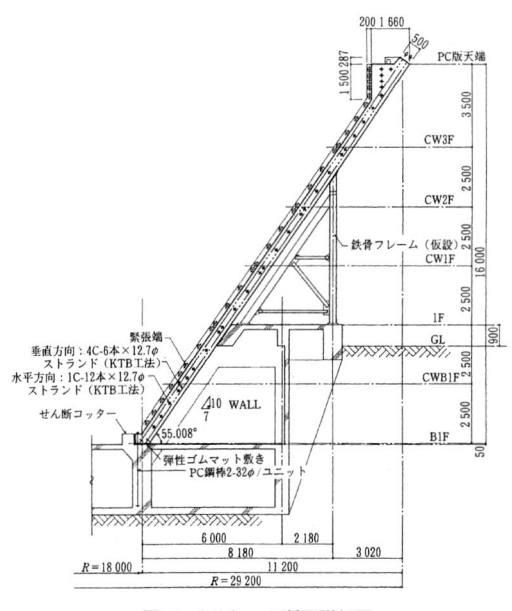

図-4 PCシェル断面詳細図

PC緊張と架設手順は以下の要領で行われた。
① 現場架設時に支持構台から5m跳ね出すPCユニット先端の鉛直変位量が8mm以下となるよう，工場にて1次ケーブルを緊張する。
② PCユニット架設後，円周方向に2次ケーブルを配線。
③ $F_c=350\,\mathrm{kgf/cm^2}$ の目地モルタル充填。
④ 目地モルタルが$300\,\mathrm{kgf/cm^2}$以上の強度発現後，壁体にプレストレスが均等に導入されるよう，8か所×2台計16台のPCジャッキで2次ケーブルを同時緊張する。

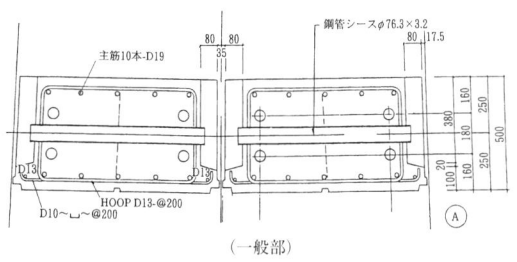

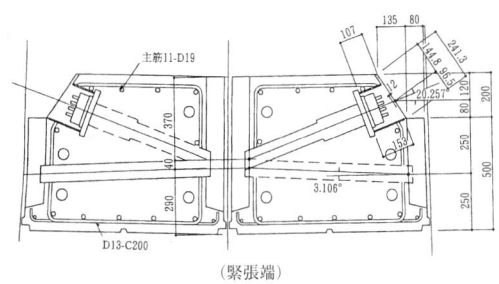

図-5 PCユニット部断図

各PCシェルユニットの概要と使用PC鋼材を以下に示す。

コンクリート強度：$F_c=500\,\mathrm{kgf/cm^2}$
一般PCユニット：737～1272×19880×500
　　　　　　　　　　　（$w=28.0\,\mathrm{tf}$）
バットレスユニット：737～1272×19880×700
　　　　　　　　　　　（$w=37.8\,\mathrm{tf}$）

使用PC鋼材
　1次ケーブル（ユニット方向）：4c-6T12.7
　2次ケーブル（円周方向）：30c-12T12.7
　アンカー用縦締めPC鋼棒：$\phi 32$ (95/110)

◎出 典
1) "プレスジョイントシステムによる有開口逆円錐PCシェル構造－多磨霊園納骨堂－"，プレストレストコンクリート，Vol.36, No.4, 1994.

043 東京貨物ターミナル駅複合施設

- 大荷重・大スパン・大規模複合施設
- 1992年竣工

1. はじめに

本施設は、全国ネットの貨物鉄道の中央部に位置し、かつ全社中最大の取扱量を受けもつ東京貨物ターミナルにおける、鉄道と自動車の結節点を目指した立体物流ビル群である。ビル内外は重量物が動き、大スパンで高い階高、耐久性が要求される構造物である。

2. 工事概要

建物名称：ターミナル駅複合施設（A棟, B棟）
所 在 地：東京都品川区八潮
発 注 者：日本貨物鉄道
用 途：物流倉庫, 事務所
設計監理：日本貨物鉄道
　　　　　A棟：梓設計　B棟：日建設計
　　　構造設計：東京建築研究所
施 工：A棟：大成建設　B棟：フジタ
PC施工：黒沢建設
構造規模：A棟　地下1階, 地上5階（事務所7階）
　　　　　B棟　地下1階, 地上9階（事務所9階）
　　　　　地下部分　PCaRC造, 現場打ちRC造
　　　　　地上部分　PCaPC造

延床面積：A棟　68 189 m²、　B棟　41 998 m²
工　期：1992年竣工

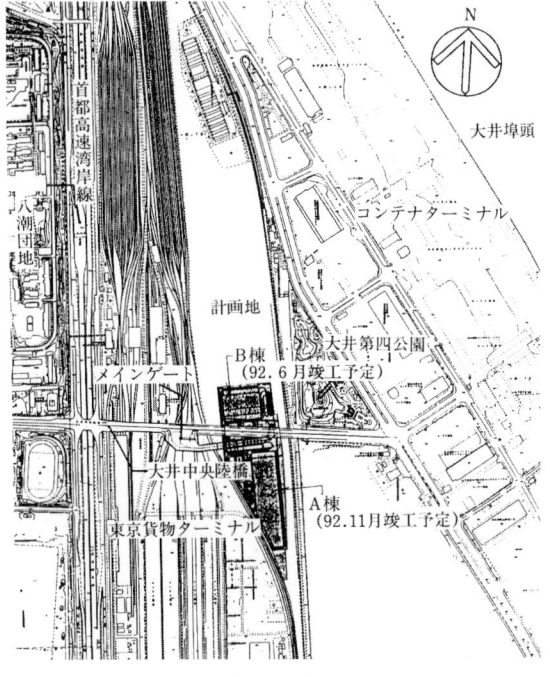

図-1 全景図

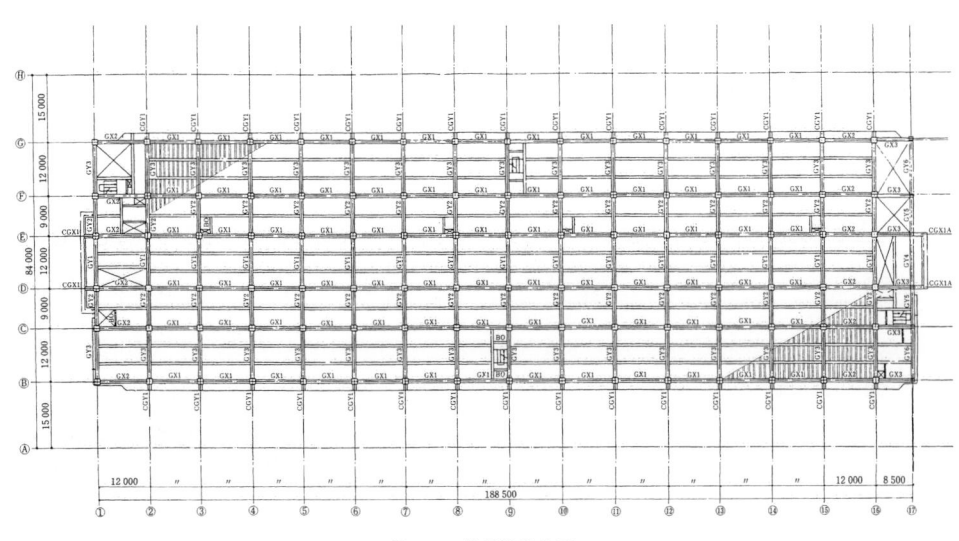

図-2 A棟標準階伏図

90

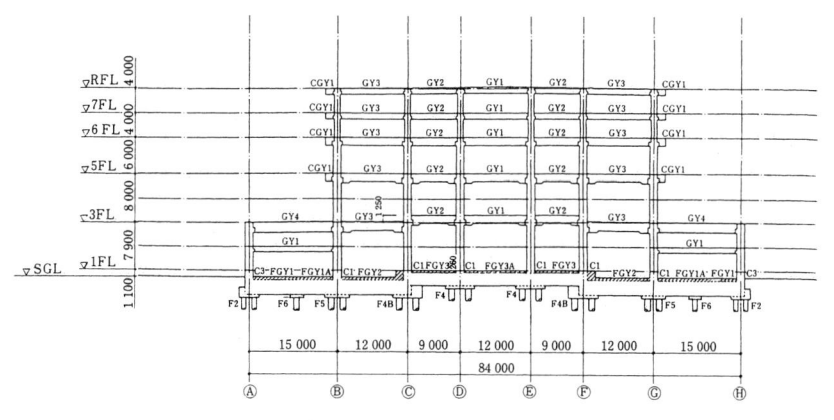

図-3 A棟梁間方向軸組図

3. 構造概要

設計は，建築基準法・同施行令・同告示ならびに日本建築学会諸規準に準拠し，柱・梁部材ともPCaPC部材で，フルプレストレスで設計している。また2次設計は，ルート3b（保有水平耐力確認まで）告示1320号第17に基き行っている。

プレキャスト部材による柱と梁の接合，柱と基礎の接合は，PC鋼材による圧着工法である。

プレキャストPC造は，上記要件を満足するほか，軒高が31mまで可能であること，積載荷重が1tf/m^{2}と大きいこと，また工期，施工性，コストが総合的に優れていると判断して採用された。

床の積載荷重は，1階荷捌きが1.5tf/m^{2}と1.0tf/m^2，車路は1.0tf/m^2，屋上は0.55tf/m^{2}としている。

(1) 柱・大梁部材の設計

終局強度設計により行う。

曲げ破壊耐力に対しての応力の組合せ

$M_u \geq G + P + 1.5K$

G：建築基準法施行令第84条に規定する固定荷重による応力
P：同第85条に規定する積載荷重による応力
K：同第88条に規定する地震力による応力

(2) 圧着部の検討

圧着部の平均圧縮応力度は，20kgf/cm^{2}以上とする。

圧着部のせん断耐力

長期せん断力：$Q_L \leq 0.3P$
終局せん断力：$Q_p \leq 0.5P$ （P：有効導入力）

(3) ブラケット部の検討

ブラケットはRC造とし，大梁よりの自重＋積載荷重に対し検討する。

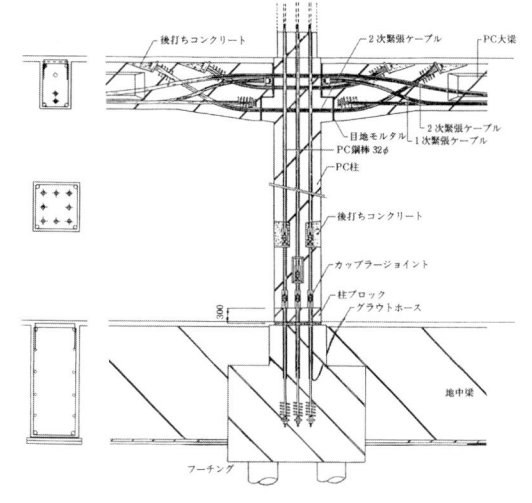

図-4 柱・梁圧着模式図

(4) 保有水平耐力の確認

部材はFAランクとし，$Ds = 0.3$とする。

4. 施工概要

柱は各階で（A棟1階のみ2分割）1本ものとし梁架設前にPC鋼棒により基礎に圧着接合している。

PCaPC梁は，柱に設けたブラケットに載せた状態（単純支持）で自重およびハーフPC床版荷重を作用させ，その後目地モルタル（厚さ2cm）を注入しPC鋼材により圧着して，ラーメン架構を形成させている。

◎出 典
1) "東京貨物ターミナル駅複合施設の構造設計", プレストレスコンクリート, Vol. 34, No. 3, 1992.

044 千葉センシティーパークプラザ駐車場
● スパイラル車路および駐車場床版
● 1992年竣工

1. はじめに

本立体駐車場は，JR千葉駅前の市街地再開発の一画に建設された，地上17階，地下2階の建物であり，地下に地域暖房施設を備え，1階から4階までを店舗，5階以上を1800台収容可能な自走式駐車場とした複合施設である。

屋外のランプから進入した車は5階部分から建物中央部にある内ランプに入り，6階から屋上までの各駐車場に導かれる。

中央部の円形ランプは直径24.2m，高さ40.7mの自立した鉄筋コンクリートの円筒壁から，その両サイドに片持ちのプレキャストスラブを張り出させ，上り下りの二重螺旋車路としている（図-1）。

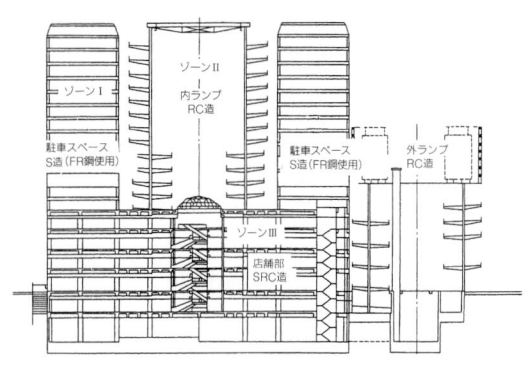

図-1 断面図

2. 建物概要

建物名称：千葉センシティーパークプラザ駐車場
所 在 地：千葉市中央区新町1001
発 注 者：千葉新町第二地区第一市街地再開発個人施工者
用 途：駐車場
設計監理：タカハ都市科学研究所
施 工：大成・鹿島・奥村・不動JV
PC施工：フドウ建研
構造規模：SRC，S，RC一部PC造地下2階地上17階建
延床面積：86 124.0 m²
工 期：1990年12月～1992年12月（25カ月）

3. 構造概要

延床面積86 000 m²，軒高59.65 mの複合用途建物を24カ月という短工期で施工するために，建物全体のPCa化を行っている。ここでは駐車場スペース部分と車路部分のPCa化について説明する。

写真-1 円形ランプ

(1) 駐車場スペース部分PCa床版

スパン17 mの駐車場スペースを梁成500 mmの鉄骨小梁で実現するため，PCa版による合成梁とした。基準階のPCa版割付を図-2に示す。PCa版1枚はスパン17 mを3分割し，鉄骨小梁ピッチ約2.4 mに合せた形状としている。1フロア当り約324枚，6～RFまでで総数4 224枚である。

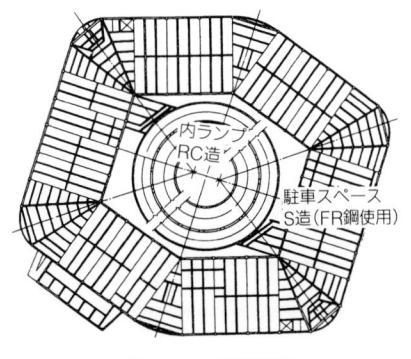

図-2 PCa版割付図

(2) 車路部分PCa床版

車路部分PCa版は，断面図（図-1）に示すようにRC円筒壁からのキャンティスラブであり，下層部は

円筒壁の両側に，上層部では片側に取り付いている。1枚のPCa版形状は平面的には円周を48分割した扇形状であり，断面的には放射方向にリブを付けた形状としている。キャンティスラブの出寸法は最大5 085 mmであり，版厚130 mm，リブ成は800～400 mmとしている。割付図および断面を**図-3，4**に示す。

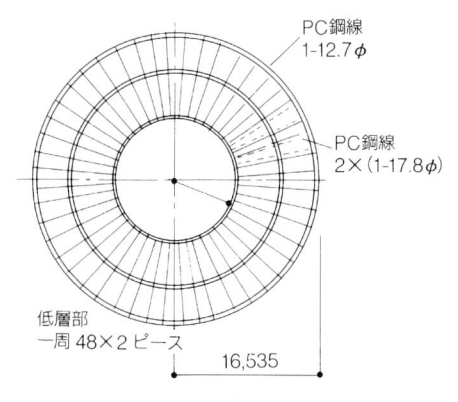

図-3　PCa車路版割付図

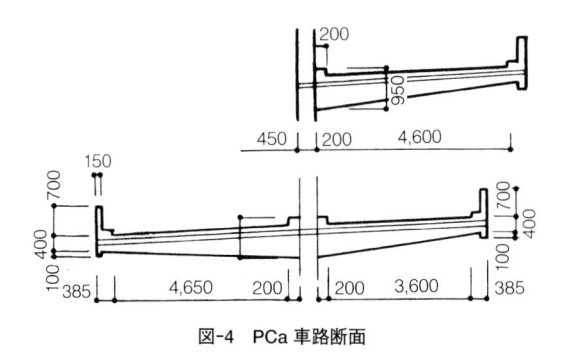

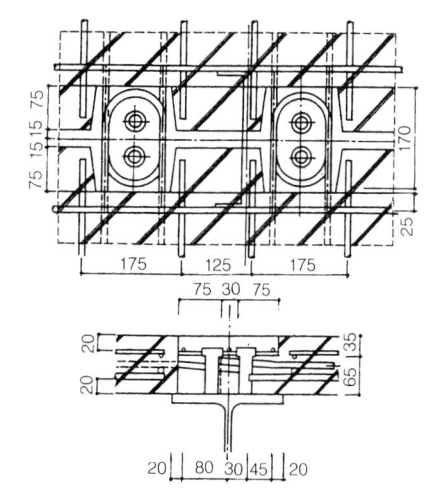

図-4　PCa車路断面

図-5　コッター形状

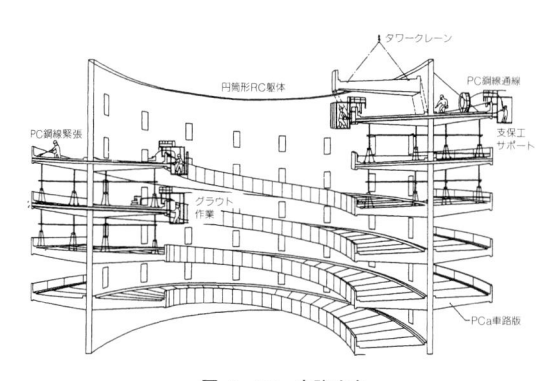

図-6　PCa車路建方

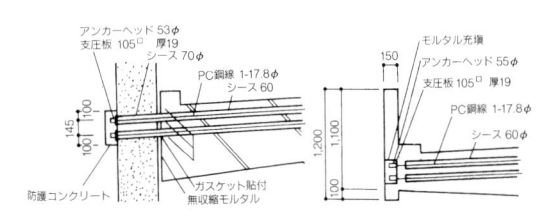

図-7　緊張端詳細

写真-2　PCa車路建方

4．工事概要

(1) 駐車場スペース部分PCa床版

PCa版と鉄骨小梁との接合コッターは，**図-5**に示すように小梁上のスタッドボルトを取り囲むようにフープ筋をPCa版に配筋し，幅180 mmの連続目地とすることによりグラウト材の充填を含め施工を容易に行うことができた。

(2) 車路部分PCa床版

PCa車路版の建方要領を**図-6**に示す。PCa版の仮受けは支保工により行い，下階の2層の完成した車路版に荷重を負担させた。スライディングフォームにて先行施工された鉄筋コンクリート造の円筒壁にPCa版リブ内に配した2本のPC鋼線により圧着接合した。またPCa版相互は円周方向に配線したPC鋼線により一体化した。緊張端詳細を**図-7**に示す。

◎出　典

1) "特集PC建築の美　Ⅱ．設計事例－床－　千葉新町駐車場棟"，建築技術，No. 586，1998．

045 ワールド流通センター

- プレキャストPC構造による大規模物流施設
- 1993年竣工

写真-1 建物全景

1. はじめに

本施設は，大手港湾運送業者23社によって設立された株式会社・ワールド流通センターが，東京都から用地を借受け，急増する輸入製品貨物の流通に対応し，併せて東京港の振興発展を図ることを目的に建設した，世界最大級の港湾物流施設である。

コンクリートの収縮ひび割れ低減による耐久性向上，および工期短縮を目的とし，地上5階建てのうち1～4階に，プレキャスト圧着工法によるPC構造を採用した。

南北に長い敷地形状に合せて，全長421m，幅96mの細長い建物形状となっており，大きく3つのブロック（倉庫A棟・倉庫B棟・事務所棟）から構成されている。屋上は乗用車約900台を収容する駐車場としており，昇降用のランプ棟が隣接している。

2. 工事概要

建物名称：ワールド流通センター物流施設
用　　途：倉庫
発 注 者：ワールド流通センター
所 在 地：東京都江東区青海2丁目54番地
設計監理：山下設計

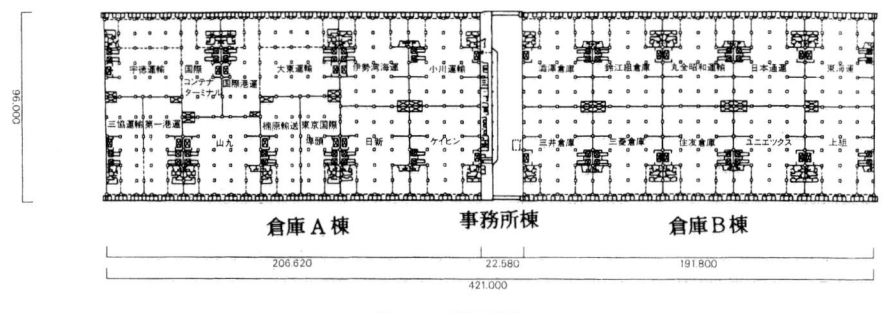

図-1 1階平面図

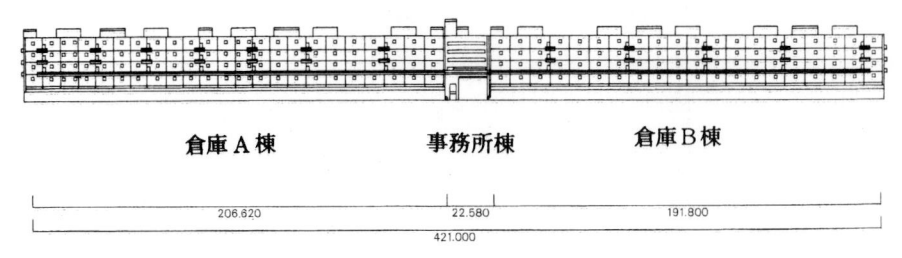

図-2 断面図

施　　工：五洋・清水建設 JV
PC 施工：黒沢建設
構造規模：1～4階：PCaPC 造　5階：鉄骨造
延床面積：218 706 m²
工　　期：24 カ月

3. 構造概要

建設地は埋立地であり，地震時の液状化を防止するためサンドコンパクション工法による地盤改良と，鋼管杭の採用により，耐震性の高い基礎構造としている。

エキスパンション・ジョイントにより構造的に分離されている倉庫 A 棟と倉庫 B 棟は，それぞれ長さ約 207 m，約 192 m である。この長大な構造物の収縮ひび割れによる漏水防止と構造体の耐久性向上，および工期短縮を目的として，1 階から 4 階の柱・梁をプレキャスト圧着工法による PC 構造とした。耐震壁は現場打設による RC 造，床スラブは DV 版によるハーフ PC 版としている。構造形式の概要を以下に示す。

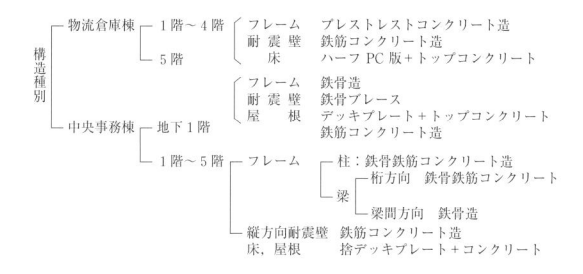

```
構造種別 ─┬─ 物流倉庫棟 ─┬─ 1階～4階 ─┬─ フレーム　プレストレストコンクリート造
         │              │            ├─ 耐震壁　　鉄筋コンクリート造
         │              │            └─ 床　　　　ハーフ PC 版＋トップコンクリート
         │              └─ 5階 ─┬─ フレーム　鉄骨造
         │                      ├─ 耐震壁　　鉄骨ブレース
         │                      └─ 屋根　　　デッキプレート＋トップコンクリート
         └─ 中央事務棟 ─┬─ 地下1階　　　　鉄筋コンクリート造
                        └─ 1階～5階 ─┬─ フレーム ─┬─ 柱：鉄骨鉄筋コンクリート造
                                     │            ├─ 梁 ─┬─ 桁方向　鉄骨鉄筋コンクリート
                                     │            │      └─ 梁間方向　鉄骨造
                                     ├─ 縦方向耐震壁　鉄筋コンクリート造
                                     └─ 床，屋根　　　捨デッキプレート＋コンクリート
```

倉庫内の積載荷重は以下のとおり設定している。
　1 階：3.0 tf/m²
　2～4 階：2.0 tf/m²
　5 階：1.5 tf/m²

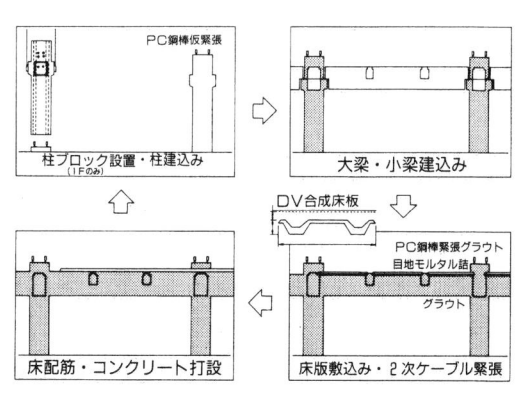

図-3　PC 部材の建方サイクル

4. 施工概要

プレキャストコンクリート部の施工工程は図-3，4 に示すとおり，1 層 21 日のサイクルで行った。プレキャストコンクリートの総コンクリート量は 47 000 m³，柱部材は 2 372 ピース（最大重量 17 t），梁部材は 6 880 ピース（最大重量 22 t）であった。

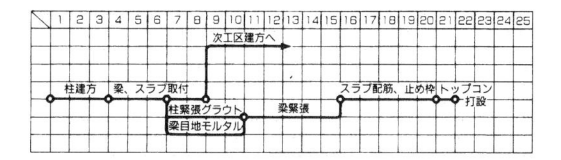

図-4　PC 部材の建方工程

写真-2　施工状況

046 サカタのタネ本社ビル

● PC構造による大スパン事務所建築
● 1995年竣工

1. はじめに

サカタのタネ本社ビルは横浜市港北ニュータウンに建設された中層の事務所ビルである。建物は3棟（本館棟，食堂棟および温室棟）からなっているが，このうち本館棟（以下本建物という）はラーメン構造を構成する柱および梁部材に高強度プレキャスト・コンクリート（以下PCaという）を用いたプレストレスト・コンクリート構造（以下PC構造という）であり，これらをPC鋼材による圧着工法などにより組立て，15m大スパン事務室を実現したものである。

2. 工事概要

建物名称：サカタのタネ本社ビル
所 在 地：横浜市都筑区仲町台2-7
発 注 者：株式会社サカタのタネ
用 　 途：事務所
設計監理：株式会社日本設計
施　　工：戸田建設株式会社
PC施工：フドウ建研株式会社
構造規模：PCaPC造一部RC造6階建
延床面積：15 203.4 m²
工　　期：1993年9月～1995年1月（17カ月）

3. 構造概要

階高4m，天井高2.85mである。基準階の平面は，東西両端部にコアを配置し，3.2mスパンの中廊下をはさんで，南側にスパン15mの事務室，北側にスパン12.8mから6.4mまでセットバックした形状の事務室を配置したダブルコアのプランである。設備ダクトや配管類は，両端コア部の機械室から，中廊下の天井裏（この部分の梁形状を偏平とし天井裏空間の寸法を確保した）を通り，桁行方向の梁に貫通孔から各事務室に通じている。

柱梁はコンクリート打放し仕上げであり，高強度コンクリートの緻密な肌合いを意匠として利用した。

図-1に基準階伏図を示す。張間方向は，15mスパンの梁とセットバックした陸立ち柱を含むラーメン構造と，両端コア部の鉄筋コンクリート造耐震壁からなる壁付きラーメン構造である。桁行方向は3.2m（外壁部分）および6.4m（廊下部分）のスパンを有するラーメン構造である。

写真-1 建物全景

4. 施工概要

PCa部材の工事概要を図-2に示す。柱，直交梁付きのST（シングルティー）梁，柱・梁接合部ブロック，床ジョイント部のハーフPCa版，桁行方向梁の底型枠PCa版である。その他の，桁行方向梁継手部分，床のトッピングコンクリート部分，中廊下部分の偏平梁と床，外周バルコニーは場所打ちコンクリート造である。両端コア部も場所打ちコンクリート造であり，桁行方向梁の緊張工事後，1層遅れでコンクリートを打設した。また，1階および2階も柱部材を除き場所打ちコンクリート造である。場所打ちコンクリート部分はこのように構造の一体化に寄与する部分や型枠形状が複雑で現場対応とした方が適する部分としたが，基準階では躯体の多くの部分がPCa部材となっている。

PCa部分と場所打ちコンクリート部分の境界部には，柱・梁接合部ブロック（梁筋がアンカーされ，シヤコッターを設けたPCa部材）を用いたり，機械式鉄筋継手部品をPCa部材に先付けとする方法とした。

柱と梁の接合部は梁通し型で，工場緊張された大スパンPCa・ST梁をPCa柱に載せ，柱内を引通したPC鋼棒を現場緊張して圧着する接合形式とした。コンクリートの圧縮強度はPCa部材で50 N/mm²，場所打ちコンクリート部分は35 N/mm²である。柱の縦締めにはPC鋼棒SBPR 945/1080-32 mm，梁の緊張にはPC鋼より線7-SWPR 7B-12.7mmを用いた。

梁は97 cm成の直交梁内蔵ST梁を3.2m間隔で

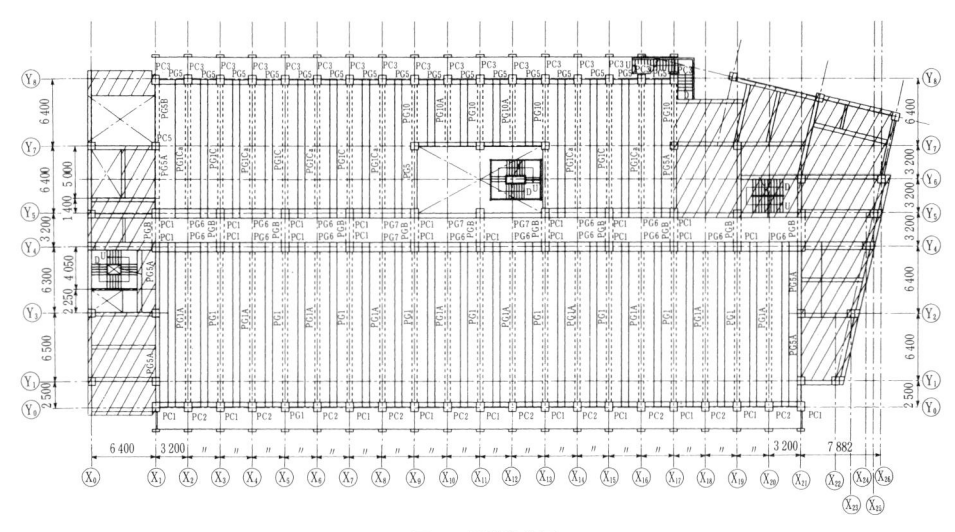

図-1 基準階伏図

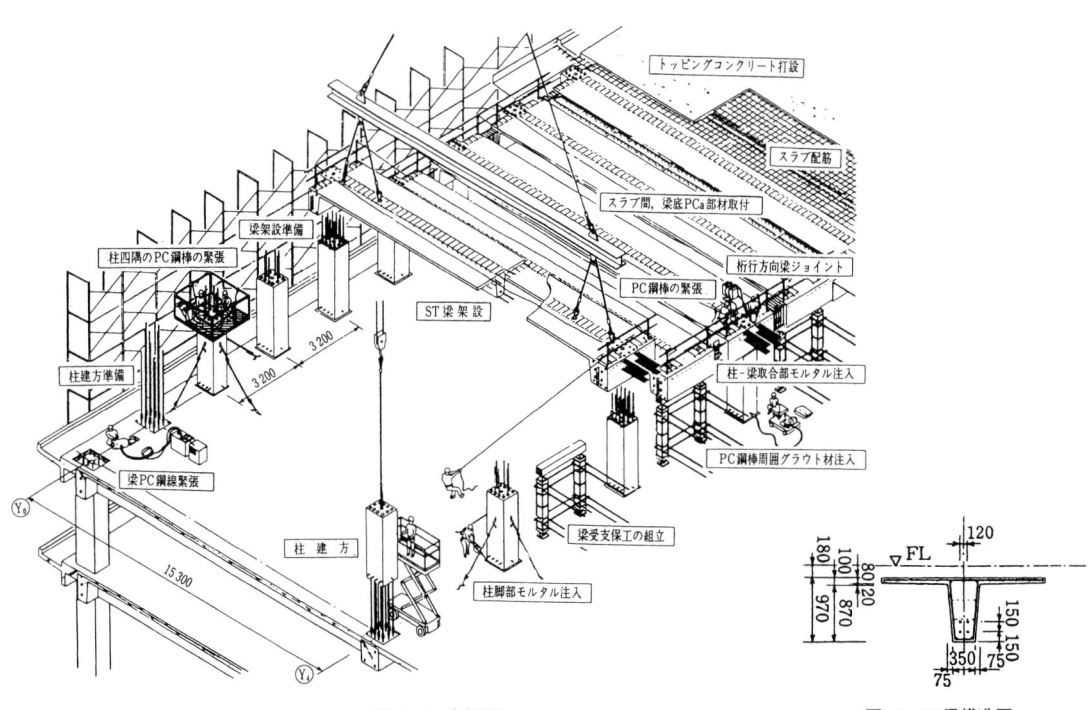

図-2 工事概要

図-3 ST梁構造図

配置したものであり、その上に厚さ8cmのトッピングコンクリートを打設して一体化している。

本建物で最大のPCa部材は幅2.5m、長さ16m、重さ30tのST梁で、3方向部材（X、YおよびZ方向に他との取合いがある部材）のため建方には厳しい精度が要求された。

5．おわりに

このような中層の大スパン事務所ビルには、わが国ではSRC造が選択されることが多いが、本建物ではコストの低減、工期の短縮および造形性の高さを重視しプレキャストプレストレストコンクリート構造を構造形式として採用している。直交梁内蔵のST版を用いることにより、設計、施工の諸問題を解決したユニークな構造形式の建物である。

◎出 典
1) "PC構造による大スパン事務所建物の設計と施工－サカタのタネ本社ビルの設計と施工－"、プレストレストコンクリート、Vol. 40, No. 3, 1998.

047 マリンメッセ福岡
● プレストレスト・スチール・シェル構造
● 1995年竣工

1. はじめに

マリンメッセ福岡は，平成7年に開催された，ユニバーシアード福岡大会の競技施設の一部として使用され，博多湾に面するウォーターフロント計画に連携する形で建設された，多目的展示場である。本建物は，可動席により，コンサートや各種スポーツイベントなどの開催が可能となっており，最大座席収容人数は15 000人である。施設には，展示場のほか，体育館，会議室，多目的ホワイエ（海のモール），レストランなどが配置されており，大屋根は波をイメージした円筒シェルで設計されている。(**写真-1**)

写真-1 全体模型写真

2. 工事概要

建物名称：マリンメッセ福岡
所在地：福岡県福岡市博多区沖浜町7-1
発注者：福岡市
用途：展示場（多目的ホール）
設計監理：日本設計・匠設計JV
施工：大林・鴻池・飛島・青木・松村・松本・橋詰建設JV
PC施工：オリエンタル建設
構造規模：下部SRC造，屋根S造（プレストレスト・スチール・シェル構造）
地上4階，地下2階
延床面積：40 580.66 m^2
工期：1993年2月～1995年4月（26カ月）

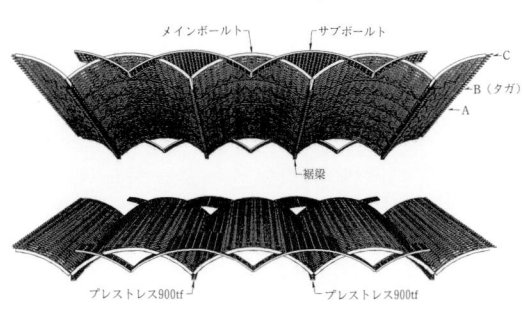

図-1 骨組（支点部のタイトラスは非表示）

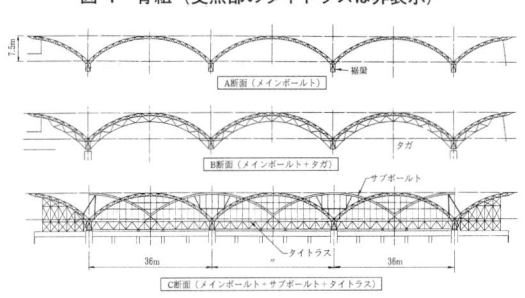

図-2 各断面図

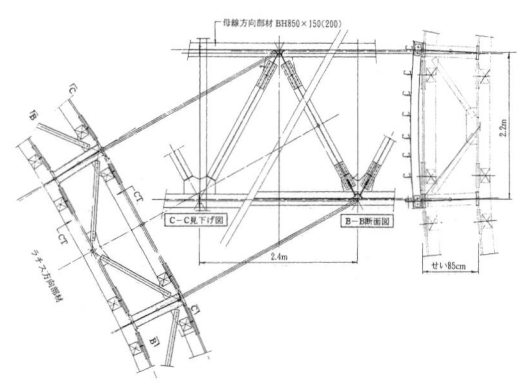

3. 構造概要

屋根の大きさは113×114 m，支径間は36×100.8 mで，**図-1**および**図-2**に示すように，3つの連続配置されたラチスボールトで構成されている。ラチスボールトは，せい85 cmのメインボールト（ライズ7.5 m），14.4 m間隔に配置されたメインボールトを補強するタガ，支点部の広がり防止のタイトラス，波のイメージを強調するとともにメインボールト支点部の形状保持を受けもつサブボールト，およびメインボールト間谷部に配置された裾梁（せい2.5 m）より構成されている。

メインボールトは，1個の大きさが36×113 mであり，母線方向部材と円弧方向のラチス部材で構成され，ロングシェルの梁的な挙動を示す構造となっている。

図-3 メインボールトの構造

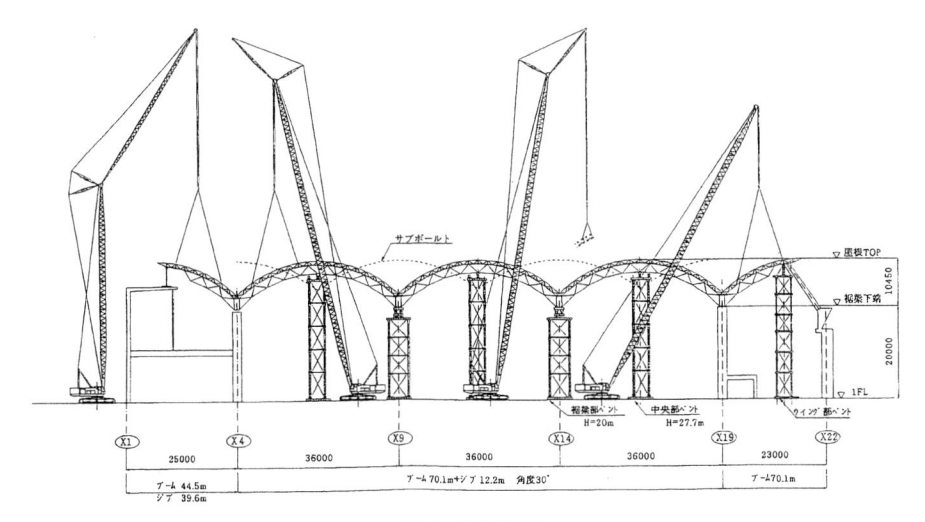

図-4　建方概要図

また、部材は図-3に示すように、母線方向に梁せい85cmのBH形鋼、ラチス方向部材には、上下弦CT鋼とラチス材アングルのトラスとしている。

裾梁は、上下弦材を径300mmのGカラム、ラチス材は合せチャンネル（一部H形鋼）のボックス状トラスとなっている。

メインボールト母線方向のBH形鋼は円弧中心方向に傾斜しており、製作キャンバーを設けることが非常に難しいため、メインボールト下部の裾梁にプレストレスを導入し、ボールト全体の端部に偏心モーメントを与えることによりたわみ軽減をはかっている。プレストレスは、裾梁の上下弦のGカラム内に真っ直ぐ配線したアンボンドテンドンにより導入している。その緊張力は1裾梁あたり900t（上弦150t×2、下弦300t×2）である。

4．施工概要

大屋根の施工方法は、シェル直交方向のタガを含む3.5mのメインボールトをアーチブロックとして、その間のメインボールトは梯子状ブロック（工場組立）として計画されている。建方は、裾梁、タガアーチブロックの頂点をベントで受けて、180tクローラークレーン3機で行っている。施工手順は、ウイング部から建方が行われ、ウイング部のブロックをウイング部ベントで支持し、ウイング部ベントはPC斜柱の強度発現後に開放されている。次に、3つの連続ラチスボールトが裾梁部ベントと中央部ベントに架設される。連続ラチスボールト部のベントは、中央部ベントが最初に開放され、裾梁のプレストレス導入が行われた後、裾梁部ベントのジャッキダウンが行われて建方が完了する（図-4）。

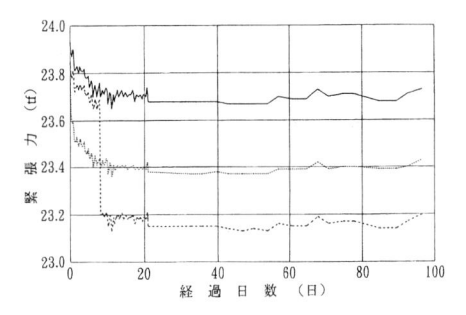

図-5　PC鋼材緊張力の経時変化

この建方では、ジャッキダウン後のたわみが裾梁中央で想定11cmとなるため、裾梁下弦材のキャンバー7cmと架設時に10cmのむくりをつけて行い、ジャッキダウン時の想定変形を6cm上がった状態としている。

プレストレス導入に関しては、定着部の実物大の試験体を製作し、応力伝達を確認した上で緊張力の設定資料としている。その試験項目の1つであるPC鋼材のリラクレーションの結果を図-5に示す。その結果、3カ月間の測定で最大2.5%であり、クライテリアの3%以下の値となっている。

◎出　典
1) "(仮称)福岡市大型展示場の構造設計（プレストレスト・スチール・シェル構造）"、プレストレスコンクリート、Vol.36, No.4, 1994.

048 冬季長野オリンピック開閉会式会場

● 複雑な曲面形状の「さくらの花弁」を実現したプレキャストPC工法
● 1996年竣工

1. はじめに

本施設は，1998年冬季長野オリンピックの開会式と閉会式の会場となる建物である。

「さくらの下の集い」を設計コンセプトにしたこの施設の特徴は，地上3階部分の内野スタンド全体を21枚の巨大な「さくらの花弁」で構成する外観である。スタジアムの収容人数は約2万1千人であり，オリンピック開催時には3万人の仮設スタンドを増設する。

「さくらの花弁」1枚当りは，7分割されたプレキャストPC（以下PCaPCと略す）版で構成され，花弁は3枚ごとに大きさを変え両翼から中央部に向かうにつれて大きくなる。さくらの花弁の外壁をPC花弁と称し，PC花弁を受けるPCaPC部材をPC萼と呼んでいる。PC花弁1ピース当りの長さは最大で20m，重量は約30tである。

複合円で構成された複雑な局面形状は，現場打ちコンクリートでは施工が困難なため，PCaPC工法が採用された。

2. 工事概要

建物名称：南長野運動公園多目的競技場内野スタンド
所 在 地：長野市篠ノ井東福寺1
発 注 者：長野市
用　　途：競技場
設計監理：住宅・都市整備公団，類設計室
施　　工：前田・東急・北野・吉川・千広JV
PC施工：フドウ建研
構造規模：RC造（地下），PCaPC造（地上）
　　　　　地下3階，地下1階
延床面積：10 632 m²
工　　期：1994年1月〜1996年11月（23カ月）

3. 構造概要

建物の断面形状を図-1に示す。
3階スタンドは最上階の場所打ち大断面梁を支持するピロティ柱をもつラーメン構造を形成し，その階下は耐震壁付きのラーメン構造である。

(1) 1, 2階スタンド

この部分は平面的に長大建物となるため，エキスパンション・ジョイントを設け3ブロックにわかれている。それぞれのブロックは，X方向（円周方向）・Y方向（円芯方向）とも，耐震壁つきラーメン架構となっている。A〜B間の1階観覧席の下部空間は，PCa段梁の上にPC段床を設置した。また，B通りでローラー支持としてA〜B間の地震荷重がB〜G間の構造躯体に伝達されないようにしている。

(2) 3階スタンド

2階と同様，エキスパンション・ジョイントにより3ブロックにわかれ，X方向はラーメン架構である。Y方向は下面が曲面である大断面（中央部B×D＝1.2m×3.0m）のRC場所打ち梁の中央部を2本の柱で支持したラーメン架構となっている。場所打ち大断面梁には，PC萼・花弁・段床・観客等の荷重が作用し，片持梁の基端には750 tf・mのモーメントが発生するため，VSL工法で最大約900 tfのプレストレスを導入している。観覧席後部は勾配のため高くなり，跳ね出し長さも約12mと長いためグランド側の柱には，地震時の引抜力とせん断力が同時に作用する。その引抜せん断力を処理するために，PC鋼棒によって240 tfの圧縮力を付加している。

観覧席はPC段床を使用し躯体防水としている。場所打ち大断面梁のX方向スパン長は最大で約13.5 mあり，蹴上げが450 mmのPC段床を使用するとスパンと蹴上げの比が20倍を超え振動障害のおそれがあるため，スパン中央に鉄骨小梁を設け，3.5〜6.8mスパンのPC段床とした。外壁のPC萼・花弁の取り合いの概要を図-2に示す。

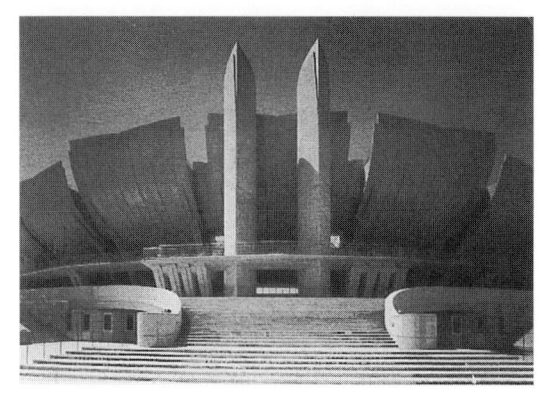

写真-1 全景

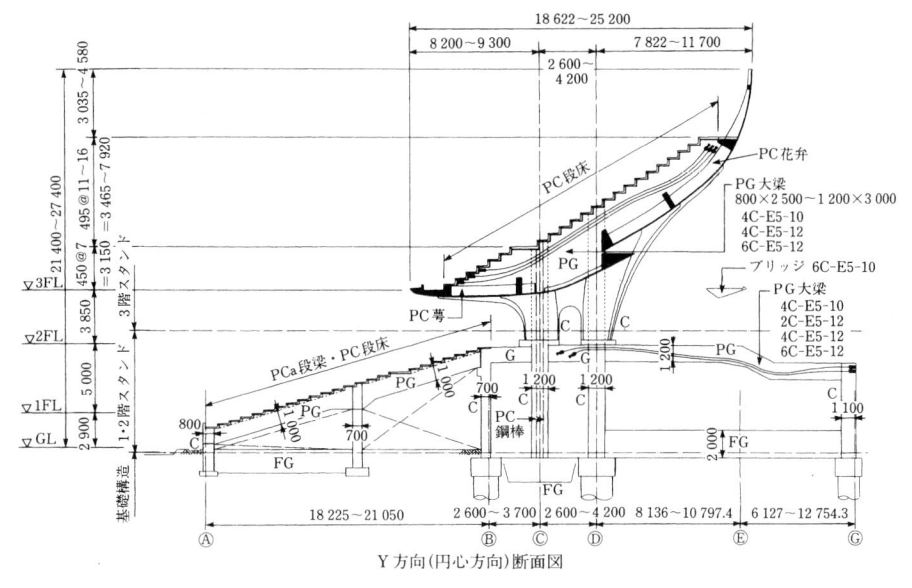

図-1 スタジアム断面図

使用材料
　コンクリート：躯体全般　$F_c = 24～27\,\text{N/mm}^2$
　　　　　　　　場所打ちPC梁　$F_c = 35\,\text{N/mm}^2$
　　　　　　　　PC段床・段梁，PC蕚・花弁　$F_c = 45\,\text{N/mm}^2$

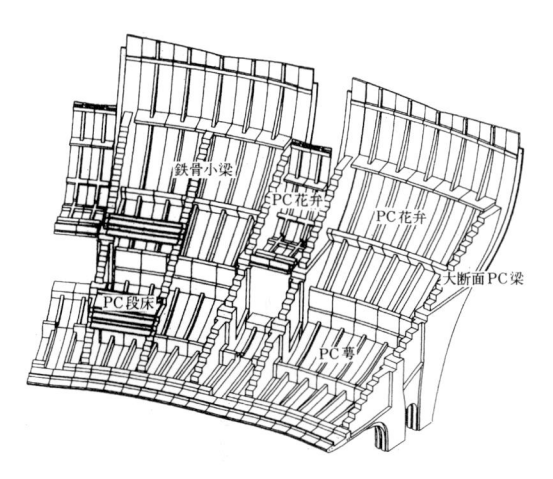

PC鋼材：PC鋼より線　SWPR7A-9.3 mm，12.4 mm，12.7 mm
　　　　PC鋼棒　SBPR 930/1080-26φ，32φ

図-2 PC蕚・花接合概要

4．施工概要

施工概要，順序を以下に示す。

① 3階ピロティ柱のコンクリート打設後，PC蕚支保工の組み立て。
② PC蕚の架設。
③ 桁梁および大断面PC梁2回目のコンクリート打設。
④ コンクリート強度発現後，PC蕚の円周方向PCケーブルを緊張し，大断面PC梁と圧着接合。
⑤ PC花弁架設。
⑥ 大断面PC梁1回目のコンクリート打設。コンクリート強度発現後，PC花弁の円周方向PCケーブルを緊張し，大断面PC梁と圧着接合。
⑦ PC段床架設。

◎出　典
1) "冬季長野オリンピック開会式会場"，プレストレストコンクリート，Vol. 39, No. 5, 1997.

049 都営住宅北青山一丁目計画（A棟）
● プレキャストPC構造による集合住宅
● 1996年竣工

1. はじめに
　本建物は、柱、梁、床、壁をPCa部材とし、圧着接合するとともに耐震壁等に在来工法を有効に組み合せた工法で施工された10階建の集合住宅であり、短工期で、耐震性、耐久性に優れた高品質な建物を実現したものである。

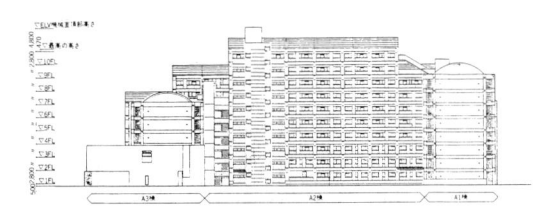

図-1　立面図

2. 工事概要
　建物名称：都営住宅北青山一丁目・港区施設工事
　所　在　地：東京都港区北青山1-6
　発　注　者：東京都東部住宅建設事務所
　用　　　途：集合住宅
　設計監理：久米設計
　施　　　工：淺沼組・日産・辰村建設JV
　PC施工：黒沢建設株式会社
　構造規模：PCaPC造　地下1階地上10階建
　延床面積：16 809.602 m²
　工　　　期：1994年3月～1996年2月（24ヵ月）

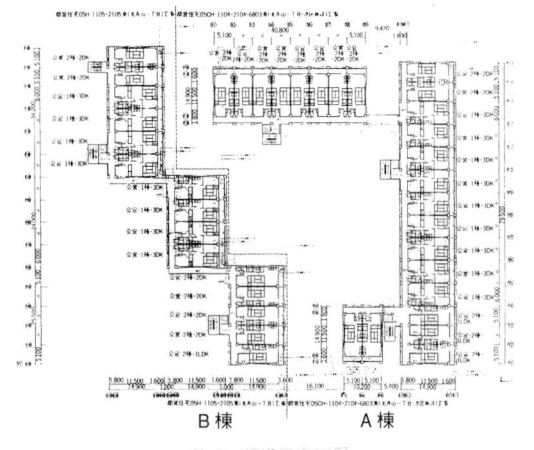

図-2　標準階平面図

3. 構造概要
(1) 部材計画とPCaのオープン化
　工法的な特徴として、柱および梁ともにPCaPC造で、桁方向は柱および梁をポストテンション法で圧着した純フレーム構造であり、張間方向は柱および梁をポストテンション法で圧着した後、妻および戸境のRC壁を現場打ちとした連層耐震壁構造である。使用コンクリートは、PCaPC部材 $F_c = 50\,N/mm^2$、床部分の後打ちコンクリートおよび耐震壁は $F_c = 30\,N/mm^2$ を使用している。

(2) 桁方向の架構
　純ラーメンのPC造で、柱に26φのPC鋼棒を使用し、柱鉄筋はSD 345のD 19を、フープは原則としてスパイラルフープとし、SD 295 AのD 13を柱主筋を拘束する形で配している。
　梁は一次ケーブルに21.8φ、2次ケーブルに12.7φストランドを使用し、梁鉄筋はSD 295 AのD 16、スターラップにD 13を配している。

(3) 張間方向の架構（ダブルビーム式耐震壁工法）
　妻壁および戸境壁は、枠梁付の連層耐震壁で枠梁は在来コンクリート面にシャーコッターがついたダブル梁とし、1次ケーブル、2次ケーブルとも12.7φストランドを使用し、壁部分はSD 295 AのD 13をダブル配筋した場所打ちコンクリートで壁厚は18 cmであり、横筋は柱部材に先付けされたFDグリップを利用した重ね継手、縦筋は枠梁に定着させる工法である。

(4) スラブ
　住戸内スラブは小梁をなくした厚さ200 mmのPCa合成床工法としている。スラブ下端に12.7φストランドおよび6φメッシュを打ち込んだ厚さ40 mmのリブ付き薄肉PCa板を工場製作し、現場で敷き込み、型枠兼用とし上端筋をX, Y方向に配筋し、耐震壁と一体のコンクリートを打ち込むことにより、床剛性、上下階、界壁の遮音効果の良好なスラブとなっている。この工法は、構造・性能はひび割れを生じさせない設計法であり、特別な評価を必要としない。
　さらに、廊下、バルコニーはスラブ下端筋を打ち込んだ外側桁梁と一体となった薄肉PCa板を使用し、PC化率を高めている。

(5) 雑壁

桁方向壁は，PCカーテンウォールの取扱いとし，層間変形に追随できる納まりとした。

またELV．ホールの外壁は押出し成形セメント板厚さ60mmとした。

4．施工概要

外部に面するPCa部材はあらかじめ仕上げが終了しているため外部の枠組み足場は採用せず，廊下，バルコニーの支保工兼用のスカイ足場とした。

① 地上で梁受けのブラケットを取り付けた2層分の廊下，バルコニー部分の門型フレーム部材を組み立て，建入れ調整後鳶工がPC鋼棒の仮締めを行いフレームを自立させる。

② 桁方向の雑壁を組み立て，斜めサポートで建入り調整後斜めサポートを固定する。

③ 桁梁は，シース管と下端筋，スターラップを打ち込んだスラブ下端までのPCa部材を柱部材のブラケットにセットし，通りを調整後仮設アングルにて固定する。桁梁と同様のダブル梁である張間梁もセットを地墨に合せて調整後仮設アングルにて固定する。

④ 住戸内の型枠兼用のPCa板を地墨に合せて敷き込む。

⑤ 廊下，バルコニーの桁梁は，80mm薄肉スラブ付きのPCa部材で，柱部材のブラケットにセット後，スカイ足場でレベル調整後仮設アングルで固定する。

⑥ 在来工法部分の耐震壁，スラブはPCa板敷き込み後，鉄筋を組み立て型枠をセットする。妻壁の外部型枠には打込み用タイルを張りつけた型枠を使用する。柱の鋼棒本緊張，梁の鋼線挿入，目地モルタル詰めも同時に施工する。

⑦ 電気用のボックス，配線用CD管，設備機器用スリーブを取り付け後，スラブ上端筋を配筋してコンクリートを打設する。

⑧ 目地モルタル，コンクリートの強度を確認後，鋼線の本緊張を行いシース管にグラウトを注入する。

表-1 柱・梁リスト

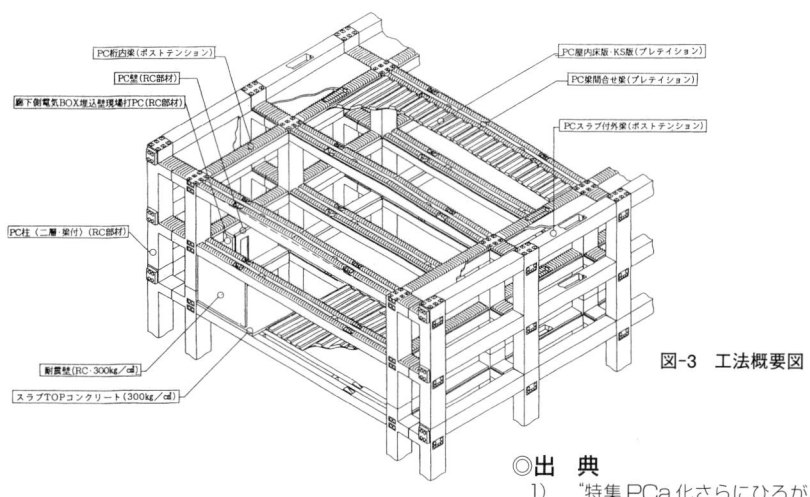

図-3 工法概要図

◎出 典

1) "特集 PCa化さらにひろがる……事例②都営住宅青山一丁目計画－PCa化による省力化・省人化の実現"，施工，April. 1996.

050 大阪市中央体育館メインアリーナ

- プレキャスト PC ドームシェル
- 1996年竣工

1. はじめに

本建物は，1997年の大阪国体「なみはや国体」と，将来オリンピック誘致に向けて中核施設として計画された市立体育館である。

本体育館のメインアリーナは直径110 m，高さ30 m，最大収容人員は1万人であり，その他にサブアリーナ（直径52 m），柔剣道場等の施設が設けられ，そのすべての施設が公園地下に設けられている。メインアリーナの屋根の総重量は約70 000 tf（約5～6 tf/m^2）。その荷重を支持するためアリーナ屋根の外周に緊張力を導入するプレストレストコンクリートのテンションリングを配し，コンクリート球形シェル構造が採用されている。

テンションリングに用いられた大容量テンドン（規格降伏荷重949 tf/テンドン）のPC工事が行われた。

写真-1 建設状況

2. 工事概要

建物名称：大阪市中央体育館
所 在 地：大阪市港区田中3丁目八幡屋公園内
発 注 者：大阪市
用 途：屋内競技場
設計監理：大阪市都市整備局営繕部・日建設計
施 工：大林・西松・淺沼JV
PC 施工：ピー・エス
構造規模：アリーナ屋根　PC球形シェル構造
　　　　　上記以外　RC造および一部PC造
　　　　　地下3階
延床面積：38 425 m^2
工　期：1993年6月～1996年4月（35カ月）

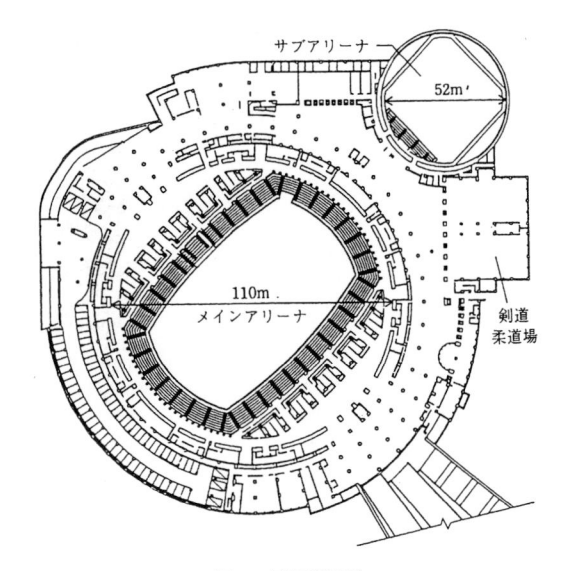

図-1 平面概要図

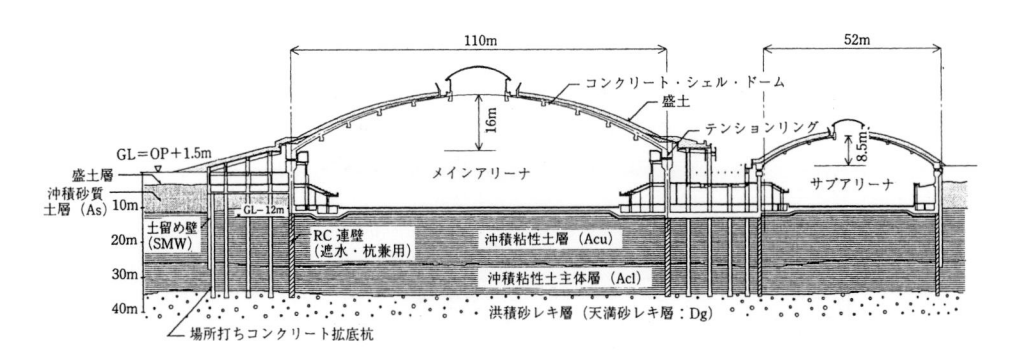

図-2 断面図

3. 構造概要

球形シェルに鉛直荷重が加わると放射方向（半径方向）に圧縮力が流れ，シェル裾野部および最外周のテンションリング（円周方向）を膨らませるような引張力が生じる。この引張力に対し，テンションリングおよびシェル裾野部に大容量テンドンを配置し，引張力に抵抗させている。

球形シェル部分は図-3に示すように，円周方向に配したプレキャストPC梁（スパン8〜12m），頂部のコンプレッションリングに用いたプレキャストRC梁および梁間に敷き並べたプレキャストPC床版と現場打ちトッピングコンクリート（$t ≒ 400 〜 1100$ mm）による合成構造としている。なお，コンクリート強度は，現場打ち部分を $F_c = 360$ kgf/cm^2，プレキャスト部材を $F_c = 500$ kgf/cm^2 としている。図-4にPC梁，図-5にDT版の断面の一例を示す。

4. 施工概要

最外周のテンションリングの施工は以下のように行った。

a. 緊張工法はVSL工法で，テンドン種別はE6-42タイプが用いられ，緊張方法は，シェル均等に荷重を作用させるため，1周4本のテンドンに対して両端引きの同時緊張としている。

b. テンドンではテンションリング部に24本，シェル部分に6本で合計30本配置され1テンドンの緊張力は807 tf（0.85 Py）とし，鉛直荷重による引張力に抵抗させている。

c. シースは，内径145φ，外径157φ，定尺8mを用い，コンクリート打設時の浮上りを防止するため，鉄筋受け兼用の架台にU字ボルトにより固定し，ジョイント部はコンクリート打設時のペースト分の流入を防ぐため，ジョイントシースにブチルテープとエスロンテープの2重巻きとしている。

d. テンドンの挿入は長さが約110mで約5tfの重量がある。大型重機使用上の制約から一度にすべてのストランドを挿入する方式は困難であり，1本ごとに挿入するプッシュスルー方式を採用している。

◎出典
1) "大阪市中央体育館メインアリーナ"，プレストレストコンクリート，vol. 38, No. 4, 1996.

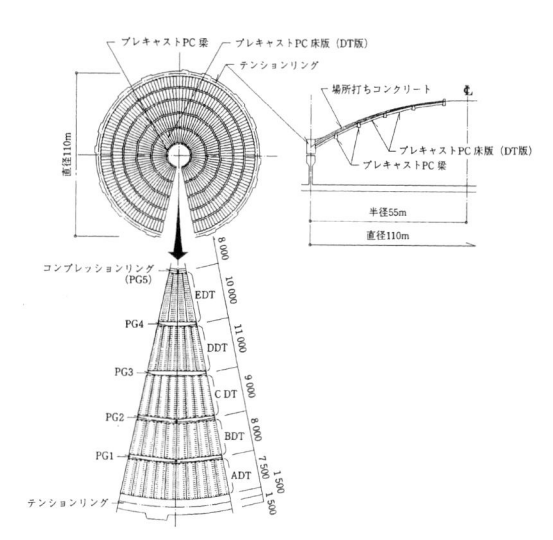

図-3 アリーナプレキャストPC梁およびPC割付図

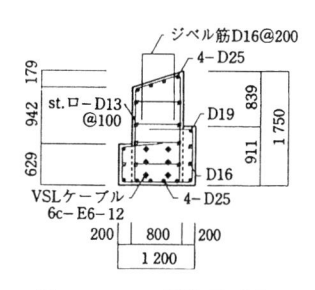

図-4 PCa PC梁断面図〈中央〉

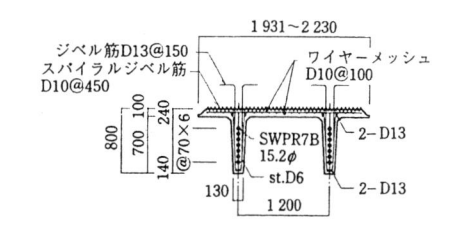

図-5 PCa PC床版（DT版）〈中央〉

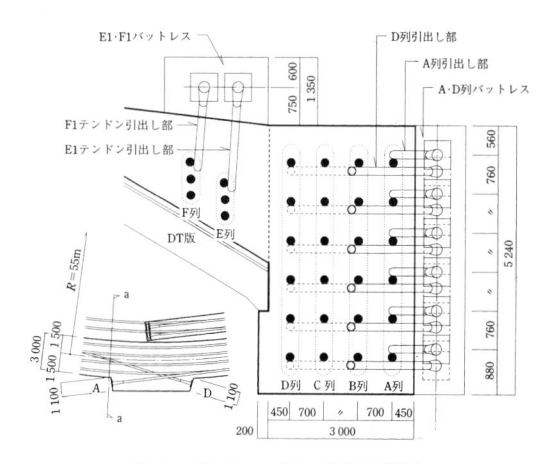

図-6 テンションリング断面配置図

051 こまつドーム

- 開閉式屋根を支持するPC造エッジリング
- 1997年竣工

1．はじめに

本建物は，石川県小松市に建設された多目的ドームである。鉄骨造とテフロン膜による屋根構造は，一部が開閉式となっている。この屋根架構を支持する下部構造（鉄筋コンクリート造）には大きな曲げモーメントと引張り力が生じ，それに抵抗するためプレストレスを導入している。

本ドームは直径135mの真円形のアリーナに，周囲に付属施設を付帯させただ円形の平面形状をしている。また集会室等のあるコミュニティセンターが併設されている。

アリーナは公式の第三種軟式野球場と105×68mのサッカー場を包含し，最高天井高さは56mである。また種々のイベントに対応できるよう，移動式のキャットウォークを設備している。

開閉式屋根の開口部分は70×55mの長方形で，開閉方式は引分けの形式とし，勾配をもった屋根の上を滑るように開くシステムである。

2．工事概要

建物名称：こまつドーム
所 在 地：石川県小松市
設　　 計：山下設計・大成建設JV
施　　 工：大成建設
PC施工：黒沢建設
構造規模：屋根構造：S造

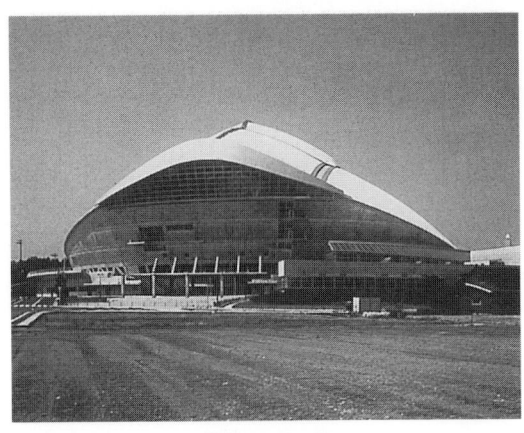

写真-1　外　観

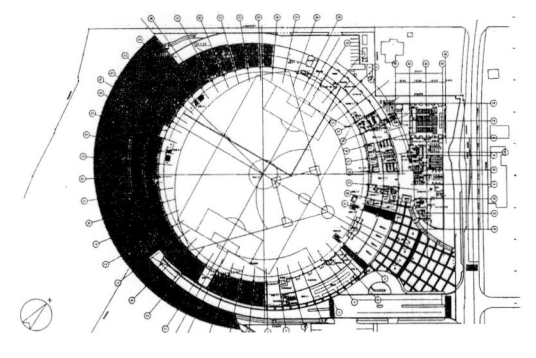

図-1　1階平面図

写真-2　内　観

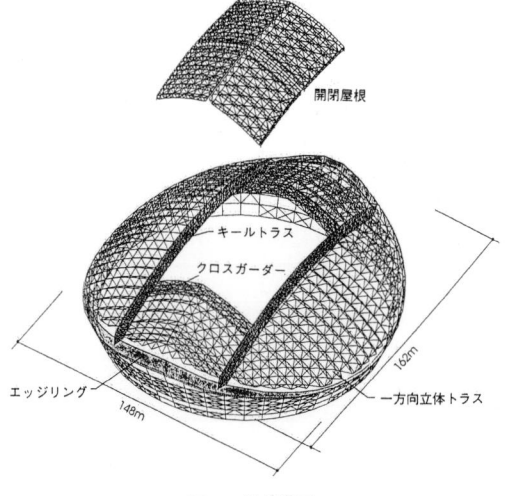

図-2　構造概要

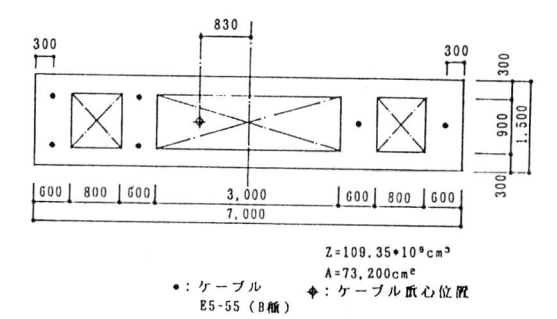

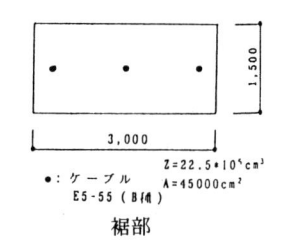

図-3 エッジリング部材断面

下部構造：4階，RC造，一部PC造
延床面積：19 514 m²
工　期：1995年3月〜1997年4月（26カ月）

3．構造概要

　本ドームは逆円錐形に立ち上がった壁と，その上に載ったむくりのある長円形の屋根で構成されている（**図-2**）。屋根部分は鉄骨造骨組膜構造であり，外周の柱・梁・壁部が鉄筋コンクリート構造，屋根と外周壁面との境界梁（エッジリング）および外周梁の一部がプレストレストコンクリート構造である。屋根面には開閉屋根のレールを支持する平行な2本のキール材を長径方向に架け，これに直交するクロスガーダーを井桁状に組み，屋根面の安定性を確保している。

　開閉屋根の走行をできるかぎり水平に近づけるために，キールトラスの脚部を高い位置で支持する必要がある。そのために下部構造は逆円錐形状となっており，下部構造頂部の外周に沿ってエッジリングを設け，キールトラスの水平スラストに抵抗させている。リングは水平方向に幅の広い鉄筋コンクリート造の変断面梁（**図-3**）で，リングに発生する大きな引張り力と曲げ応力を打ち消すために，鉄筋コンクリート部材内にPC鋼材によるプレストレス力を導入している。

　多雪地域に建設されることから，屋根構造，エッジリングについては，積雪荷重（地上最大積雪深150 cm）が支配的となるが，膜屋根の滑り易さやディテール上の滑雪対策等を考慮して，建築基準法で規定する勾配低減を見直し，より実情に近い勾配低減を設定している。また積雪の状態については屋根全面載荷のほか，さまざまな偏分布載荷についても検討している。**図-4**に積雪荷重時（全面載荷）におけるエッジリングの応力を示す。

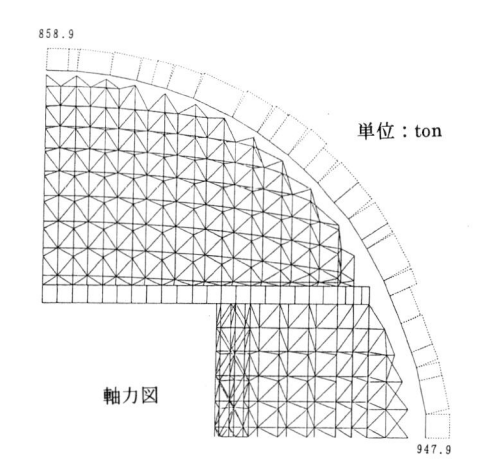

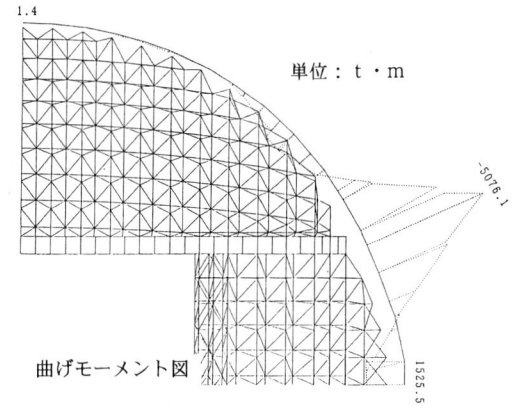

図-4　エッジリング応力

4．施工概要

　エッジリング内のPCケーブルは三次元に複雑に配置されるため，エッジリングの縮小模型を作成し，配線位置を詳細に検討し，PC工事に反映させた。

052 横浜国際総合競技場

● プレキャストPC構造による大規模競技場
● 1997年竣工

1. はじめに

本競技場は，1998年の第53回神奈川国体（かながわ・ゆめ国体）秋季大会，また2002年に開催されるワールドカップサッカーのメイン会場として，収容人員7万人を有する日本最大規模のスタジアムである。

本建物の屋根は鉄骨構造で円周方向（約900m）を一体として設計している。下部構造のスタンド部もエキスパンションを無くして計画されている。

本競技場は全面的に高品質・高強度コンクリート（$F_c = 500\,\mathrm{kgf/cm^2}$）を用いたプレキャストPC部材（PCaPC）の圧着工法を採用することで下部スタンド部をノンエキスパンション構造とし，屋根とともに一体の建物として計画されている。

2. 工事概要

建物名称：横浜国際総合競技場
所 在 地：横浜市港北区小机町
発 注 者：横浜市緑政局
用 途：陸上競技場
設計監理：松田平田・東畑建築事務所JV
施 工：第1工区およびフィールド人工地盤部
　　　　（竹中・奈良JV）
　　　　第2工区（銭高・日本鋼管工事JV）
　　　　第3工区（日本国土開発・渡辺組JV）
　　　　第4工区（佐藤工業・三木組JV）
　　　　外周人工地盤その他2工区（竹中・駿河JV）
PC施工：黒沢建設
構造規模：平屋部：PCa造
　　　　　重層部：PCaPC造
延床面積：166 000 m²（スタンド部約164 000 m²）
工 期：1995年6月～1997年9月（28カ月）

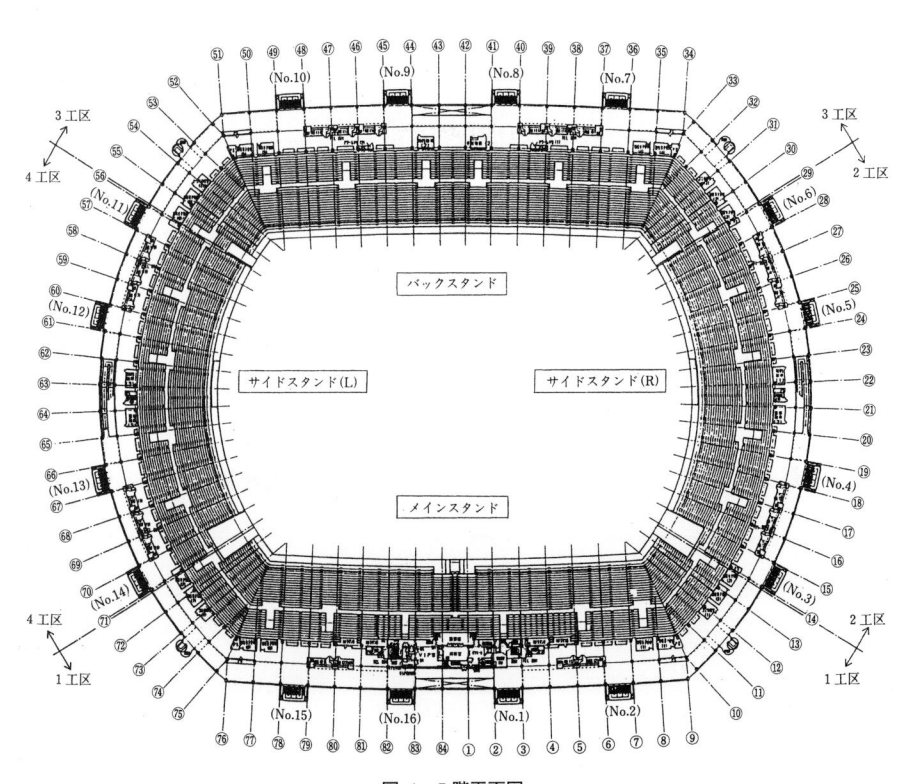

図-1 5階平面図

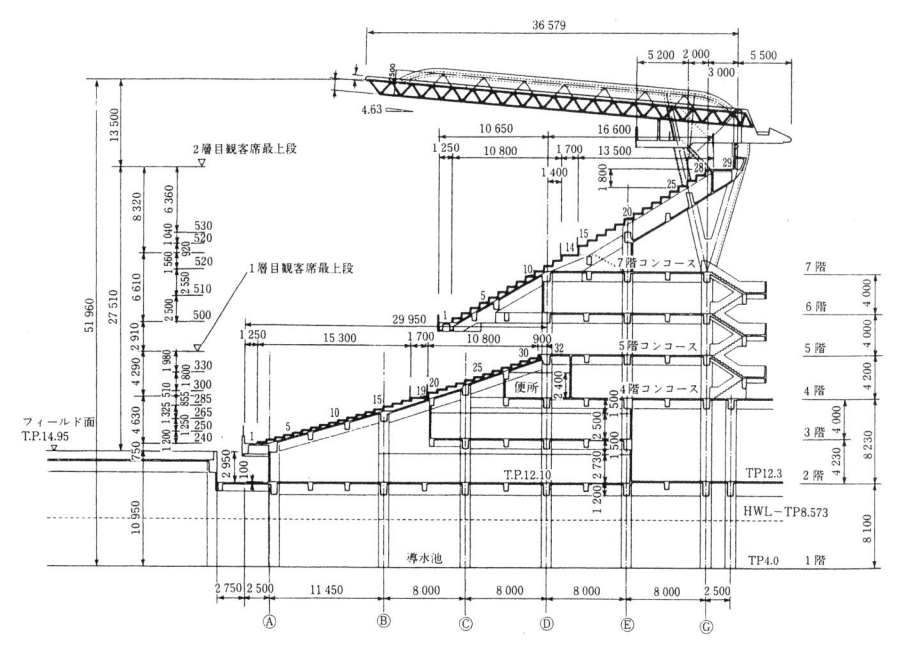

図-2 メインスタンド断面図

3. 構造概要

平面形は長辺280m, 短辺220mの方円形で, 外周は900mである。階高は1階が8.1m, 標準階が4.2mである。標準スパンは梁間方向約8m, 桁行方向約10mのグリッドで最上階の外周柱は梁間方向にY字型に広がっている。

スタンド本体の躯体構造はPCaPC造であり, PCa造にすることで, 天候に左右されずに高品質で均一な部材が得られ, 工期の安定化と短縮化を図っている。床スラブはハーフPCa板を架設した上にコンクリートを打設する合成スラブを採用している。

4. 施工概要

スタンド部分は, フレーム全長が約900mになり, 最終的にはノンエキスパンションで一体構造となることから, ① プレストレス導入によるフレームの弾性収縮, ② PCの部材の乾燥収縮, ③ 温度応力などの不静定二次応力, を最小とするため全体を4エリアに分割して, 同時着工してPC圧着工法によりフレーム全体を剛節構造とした施工が行われた。

◎出 典
1) "横浜国際総合競技場の設計と施工", プレストレスコンクリート, Vol. 39, No. 4, 1997.

写真-1 建設状況

写真-2 架設状況

053 埼玉県立大学
● プレキャスト部材の組立工法
● 1999年竣工

1. はじめに
　埼玉県では，看護・福祉学系を中心とする研究・教育機関として県立大学を設立することになり，1995年指名38社による設計コンペが行われた。発注者からコンペ時に求められたこの大学施設の基本的なコンセプトは，① 教育理念にふさわしい機能と風格を備えるとともに，地域に開かれた親しみのある施設であること，② 施設間が機能的に結びつくとともに，ゆとりと明るさのある空間構成であることなどであった。
　こうした理念を背景に各施設群を整然と明快に配置し，キャンパス内に入ってきた利用者は，敷地内北東隅に設けられた「丘の公園」を通って，交流広場へと導かれ，左側に体育館棟と短大棟，右側に大学棟，背面に大講堂という大学施設の全体を見渡すことができる。

写真-1　内観

2. 工事概要
　建物名称：埼玉県立大学
　所 在 地：埼玉県越谷市大字三宮字御手作地内
　発 注 者：埼玉県
　用　　途：学校
　設　　計：建築：山本理顕設計工場
　　　　　　構造：織本匠構造設計研究所
　　　　　　　　　構造計画プラス・ワン
　監　　理：埼玉県住宅都市営繕課
　　　　　　山本理顕設計工場
　施　　工：大学棟－大林・日本国土・株木・ユーディーケーJV
　　　　　　短大棟－清水・大木・松栄JV
　　　　　　本部棟－東急・和光・川口土建JV
　　　　　　図書館棟－三井・三ツ和・松永JV
　　　　　　体育館棟－高元・スミダ・野尻JV
　PC施工：フドウ建研
　構造規模：RC造・PCaPC造一部鉄骨造
　　　　　　地上4階
　延床面積：54 080.11 m²
　工　　期：1997年7月～1999年1月（19カ月）

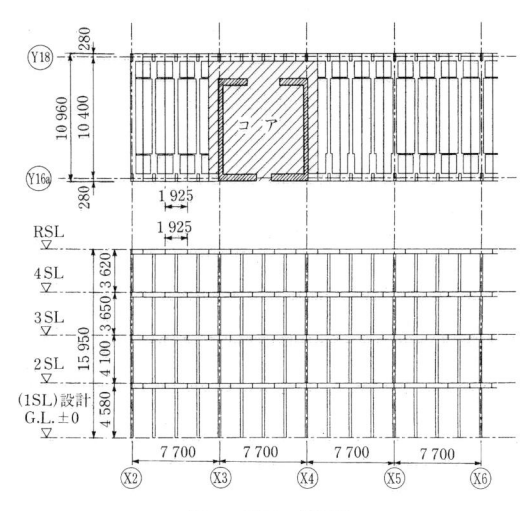

図-1　伏図・軸組図

3. 構造概要
　大学棟は建物長辺方向（桁行方向）の基本グリッドを7.7mとして，途中3.85mグリッドの階段室2カ所を含め全35スパンが連続している。桁行方向の長さは261.8mである。短辺方向はスパン10.4mの4階建て教室・研究室部分と，スパン12.7mの吹抜け部（メディアギャラリー）に分けられ，23.1mとなっている。各階の階高は1階から4階までそれぞれ4.58m, 4.1m, 3.65m, 3.62mであり，1階床から4階柱頭までの高さは15.95mである。
　さらにその上部にはパッシブソーラーシステムを構成する二重天井のために，梁せい1.8mの鉄骨トラスが架けられ，1階床から屋根鉄骨天端まで高さは17.75mである。
　短大棟は，建物の桁行方向の長さが207.9mである以外は，構造上大学棟と同じ構成としている。
　柱はプレストレスによる圧着工法とし，梁はスパン

10.4mに対して梁せい400mmと小さいため，プレストレストコンクリートとして，たわみの制御と耐力の向上を図っている。緊張力の導入はポストテンション工法により行い，床はハーフPCa合成床版としている。隣接する梁間寸法が1.925mであることから大梁とハーフPCa床版を一体化し，一体化されたPCa床版を上下階の柱ではさみ込む形でフレームを構成している。また，PCa版と現場打ちコンクリートスラブの厚さは，それぞれ55mmと100mmとして床面の水平剛性を確保している（図-2）。

梁と床版を一体化したPCa版1ユニットは約2×11×0.4mの版とし，運搬効率の向上とともに現場の建方効率の大幅な向上を図ることを可能にしている。

梁と床は一体化したプレキャストPCaと，現場において打設するトッピングコンクリートによる合成構造とし，PC梁架設後の施工時の荷重および合成後の常時荷重に対してパーシャルプレストレッシングを採用している。

屋根部の構造は，H形鋼を素材としたフィーデンディールトラス構造である。H形鋼のサイズはH-200×200とし，トラスの背は1800mm（トラス外法）としている。ただし建物間に架かる大屋根はトラス支点間距離が約60mと大スパンであるため，フィーデンディールトラスに斜材を追加したN形ラチストラスとしている（写真-2）。

4．施工概要

柱は1層ごとに建方し，その上にハーフPCa梁を架設し，2本のPC鋼棒にて圧着接合としている。桁梁はPCa部材からあらかじめ出しておいた主筋どうしをエンクローズ溶接により接合している。以上のPCa部分のサイクル工程を各層繰返し行い，追って現場打ちコンクリートの施工が行われた。図-2に組立概要図，図-3にPCa接合詳細図を示す。

◎出　典
1) "打放しコンクリート仕上げに用いられたプレキャストプレストレストコンクリート構造－埼玉県立大学の設計と施工"，プレストレスコンクリート，Vol. 41, No. 4, 1999.

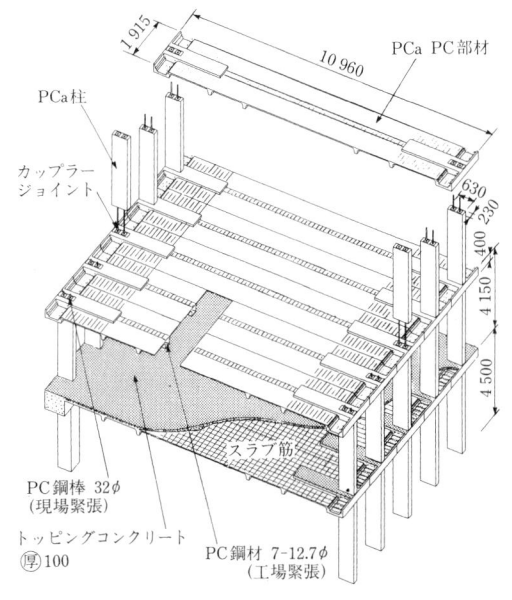

図-2　組立概要図

写真-2　中庭からの大屋根外観

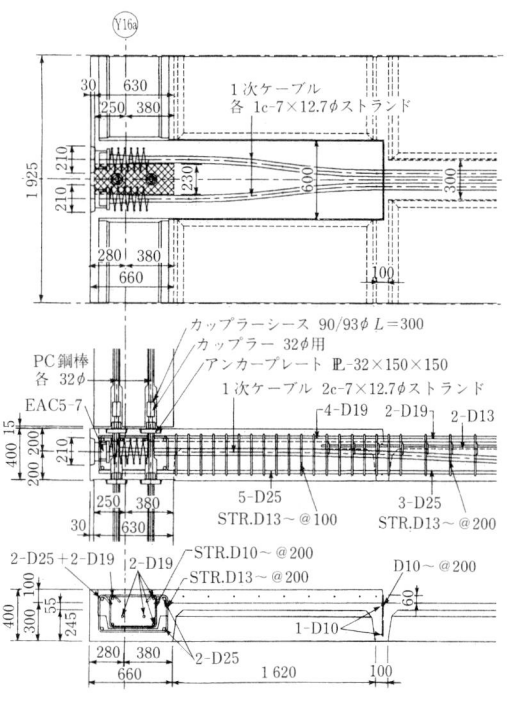

図-3　PCa接合詳細図

054 東京スタジアム
● プレストレスのスタンドとケーブル屋根
● 2000年竣工

1. はじめに

東京スタジアムは，調布基地跡地に建設される5万人収容のスタジアムである。調布基地跡地の利用計画は，調布市，府中市，三鷹市の合意を得て，1995年に都市計画決定がなされた。スタジアムの設計は，設計コンペにより日本設計が当選し，多摩地域のスポーツ振興の拠点として，2013年開催予定の多摩国体のメイン会場やJリーグサッカーなどの公式試合も開催可能な施設として計画されている（**写真-1**）。

2. 工事概要

建築名称：東京スタジアム
所 在 地：東京都調布市西町376番
発 注 者：東京スタジアム
用　　途：観覧場
設　　計：日本設計
監　　理：東京スタジアム・日本設計
施　　工：第1工区JV（大成・三菱重工・佐藤工業・西松・銭高・五洋・大木・坂田）
　　　　　第2工区JV（鹿島・竹中・三井・住友・不動・東亜・京王・白石）
PC施工：黒沢建設
屋根PS：宮地建設工業（1工区），横河工事（2工区）
構造規模：スタンド：RC造，SRC造，S造，PC造
　　　　　屋根：S造（骨組膜構造・ケーブル構造）
　　　　　地上5階，地下1階
延床面積：84 475.96 m²
工　　期：1998年6月～2000年10月（28カ月）

写真-1　全体模型写真

3. 構造概要

敷地は，調布飛行場に隣接しているため航空制限を受けており，最高で45 m，厳しい部分では32 mとなっている。そのため，屋根は高さを低く抑えたケーブル吊り構造とし，強風時にもケーブル剛性が寄与するように，ケーブルに初期軸力を導入するシステムとした。また，下層スタンドにおいても階高制限や施工性を考慮して，プレキャストPC造（PCaPC）の圧着工法で計画した。また，スタンド本体はエキスパンジョイントを設けず一体構造とし，外周階段やペデストリアンデッキとは，ローラー支承を設けて切離した。

屋根のケーブル構造は，鉄骨メインガーター（MG）中間部を吊っているケーブル（PWS-1）と鋼管柱の外側に跳出して張られた2本のバックステイケーブル（PWS-2，PWS-4）で自重を支え，屋根下に配置した吹上げ防止用ケーブル（PWS-3）の計4本で構成している。また，屋根の仕上げ材には，A種膜材0.8 mmとポリカーボネイト板10 mmを使用している。メインスタンド側の基準軸組を**図-1**に，屋根伏図を**図-2**に示す。

4. 施工概要

PCaPC造の施工では，部材を緊張する手順によって，変形および内部応力（不静定応力）が違ってくるため，施工手順を決定するにあたり十分な検討が必要であった。基本的には，柱梁を架設し，柱を緊張した後に梁の緊張をする手順とした。円周方向には6スパンごとにムーブ（両隣のスパン緊張後に目地モルタルを詰めて緊張する調整部分）を設けて，柱の不静定応力による曲げモーメントを小さくする計画とした。また，半径方向の梁でPC鋼線の外端が壁または基礎梁に定着する3スパン以上のフレームでは，内端の柱を梁の後に緊張し，不静定応力を発生させない手順としている。

PCa部材のコンクリート強度は50 N/mm²で，

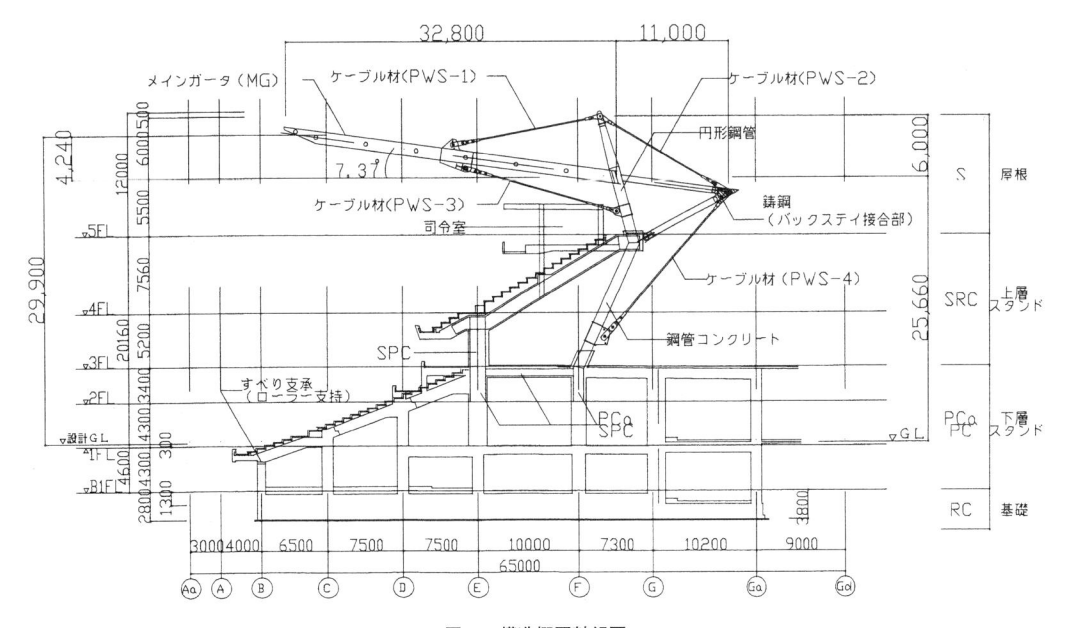

図-1 構造概要軸組図

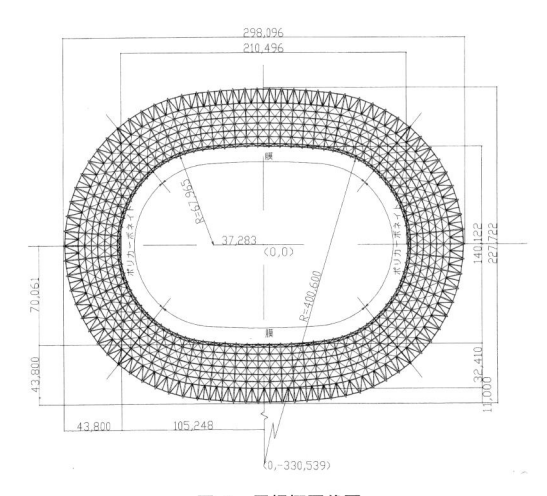

図-2 屋根概要伏図

柱は，断面当り4〜24本のPC鋼棒32φを主筋とし，緊張荷重はPC鋼棒1本当り40〜50 tfとしている。梁は，7本より12.7 mmのPC鋼線をさらに7本から19本に束ねて1ケーブルとし，それを断面当り3〜12本使用し，緊張荷重は，PC鋼線1本当り10 tfとしている。

屋根ケーブルの緊張建方作業では，ケーブル張力および変形管理を行っており，変形は施工完成時にMG中央のPWS-1ケーブル接合部で鉛直変形が±0になるように管理ポイントを設定した。ケーブル張力は，ジャッキでケーブルを引込み，ターンバックルを締め込むことにより導入しており，張力管理もジャッキ油圧力で行っている。そのため，実際にジャッキ油圧力でケーブル張力の管理が可能であるかを，ケーブル接合部に歪みゲージを取付けて軸力を測定して確認している。そのケーブル断面とケーブル導入張力を**表-1**に示す。また，施工状況を**写真-2**に示す。

表-1 屋根吊りケーブル断面と導入力

符 号	断 面	規 格	導入力
PWS-1	7φ×151	被覆平行線ストランド・素線 SWRS82B	190tf
PWS-2	7φ×199		255tf
PWS-4	7φ×223		280tf
PWS-3	15.2φ×43	被覆PC鋼より線・素線 SWPR7B	150tf

写真-2 屋根吊りケーブル施工状況

「歴史的にみたプレストレストコンクリート建築と技術」出典の執筆者一覧

No	建物名称	著者
1	浜松町駅旅客ホーム上家	鉄道建築協会
2	新宿信号所	鉄道建築協会
3	三鷹航空技術研究所遷音速風洞上家	中野　清司：建設省建築研究所
4	大井工場塗装職場	鉄道建築協会
5	鉄道技術研究所ボイラー室	鉄道建築協会
6	鉄道技術研究所実験棟	安藤　三郎：国鉄東京工事局発電所課
7	オリエンタルコンクリート本社屋	構造について　　木村　俊彦：横山建築構造設計事務所 施工について　　木村　政男：オリエンタルコンクリート 解体調査について　沖田　佳裕：オリエンタル建設 技術部主任研究員 　　　　　　　　小山内　裕：オリエンタル建設 技術部主任研究員 　　　　　　　　狩野　誠一郎：オリエンタル建設 技術研究所主任研究員 　　　　　　　　今井　昌文：オリエンタル建設 技術研究所主任研究員
8	三愛ビル	阪永　金重：日建設計工務 東京事務所長 矢野　克巳：日建設計工務 東京事務所設計部
9	大井工場食堂	鉄道建築協会編・彰国社
10	埼玉農林会館	プレストレストコンクリート　工事ニュース
11	国鉄勝田電車庫	藤田　和雄：国鉄水戸工事区 建築助役 堀江　洋：国鉄水戸工事区 営繕士
12	国際基督教大学基礎理学本館	増田　一真：増田構造事務所 所長 環野　温樹：竹中工務店 設計部構造課長 舟橋　功男：竹中工務店 技術研究所　主任研究員 小林　昌一：竹中工務店 技術研究所 原　喬：竹中工務店 技術研究所 寺沢　輝男：オリエンタルコンクリート　工務課長 「プレストレストコンクリート造の設計と詳細」彰国社
13	千葉県立中央図書館	木村　俊彦：木村俊彦構造設計事務所長
14	平和島競艇場第三スタンド	田中　四郎：田中建築設計事務所　所長 石橋　重徳：オリエンタルコンクリート 建築支店，工事部工事課長 大島　幸：オリエンタルコンクリート 建築支店，工務部設計課
15	岩手県営体育館	北　英世：鹿島建設 建築工務部
16	栃木県庁議会棟	その1　木村　俊彦：木村俊彦設計事務所 　　　　渡辺　邦夫：木村俊彦設計事務所 　　　　山賀　勝：鹿島建設 栃木県庁舎作業所 その2　山賀　勝：鹿島建設 栃木県庁舎作業所 　　　　森村　祐侍：鹿島建設 栃木県庁舎作業所 　　　　田多井　輝雄：鹿島建設 栃木県庁舎作業所
17	ＪＲ東京総合病院	石原　尚：前国鉄東京建築工事局長 佐藤　謙吉：国鉄鉄道技術研究所 鈴村　久行：国鉄東京建築工事局 町田　重美：国鉄東京建築工事局
18	津市民プール上屋	鎌田　守逸：鎌田建築設計事務所 樋口　隼士：鎌田建築設計事務所 渡辺　健：オリエンタルコンクリート 市村　博：オリエンタルコンクリート
19	福岡歯科大学	松尾　芳辰：現代建築研究所 福岡所長 野沢　正：ピー・エス・コンクリート 技術部
20	近畿郵政局資材部倉庫	岩本　暹：郵政省 郵政大臣官房建築部設計課 横山　義弘：郵政省 郵政大臣官房建築部設計課 渡部　弘：郵政省 郵政大臣官房建築部施工課 池沢　安夫：鴻池組 事業場主任 大内山　正英：鴻池組 設計部（当時，事業場係員）

21	三井銀行豊中支店	海老原　武：大林組 東京本社設計第3部 内藤　行孝：大林組 東京本社設計第3部 梶村　俊夫：大林組 本店豊中工事事務所
22	京都競馬場新スタンド	中村　守　：安井建築設計事務所 大阪事務所構造部副部長 林　　保　：安井建築設計事務所 大阪事務所構造部部長
23	一宮地方総合卸売市場	鋤納　忠治：伊藤建築設計事務所 代表取締役 渡辺　誠一：伊藤建築設計事務所 理事 早崎　登　：伊藤建築設計事務所 所員
24	出雲大社新神楽殿	下伊豆　隆三：MAI 建築構造研究所 立花　勇二：森本組 山陰支店工事長 貴島　茂　：オリエンタルコンクリート 大阪支店
25	滝根勤労者体育センター	山口　寛　：山口設計事務所 所長 栄　　辰夫：ピー・エス・コンクリート 仙台支店 野沢　正　：ピー・エス・コンクリート 本社技術部 浜戸　昇　：ピー・エス・コンクリート 本社技術部
26	東京三郷浄水場	田辺　恵三：黒沢建設 設計部長
27	小松物産本社ビル	鈴木　治平：東北工業大学教授 今野　壽一：群建築設計事務所 佐藤　孝志：群建築設計事務所 菊地　良覺：群建築設計事務所 日野　正煕：北海道ピー・エス・コンクリート 建築支店 倉持　春夫：北海道ピー・エス・コンクリート 建築支店
28	東京・関東郵政局資材部倉庫	岩木　邏　：郵政省 大臣官房建築部 倉田　勝弘：郵政省 大臣官房建築部 中江　新太郎：奥村組 技術研究所
29	住友電気工業伊丹製作所事務棟	鵜飼　邦夫：日建設計 大阪本社構造部副部長
30	東北工業大学7号館	栄　　辰夫：ピー・エス・コンクリート 仙台支店建築課長
31	横浜市北部工場余熱利用施設	中西　正信　：横浜市環境事業局 工場建設課工事第1係 津田　三知昭：日建設計 構造設計主管 高矢　義忠　：日建設計 構造設計主管 小林　良樹雄：銭高組 土木本部 PC 部副部長 前田　二三夫：銭高組 土木本部 PC 部
32	松山市総合コミュニティセンター体育館	萩坂　詳　：佐藤武夫設計事務所 構造部主任 木村　政文：佐藤武夫設計事務所 構造部 田辺　恵三：黒沢建設 設計部長
33	つくばエキスポセンター	鈴木　善夫：佐藤武夫設計事務所 構造部長 萩坂　詳　：佐藤武夫設計事務所 主任 青山　定男：オリエンタルコンクリート 建築支店 加藤　裕司：オリエンタルコンクリート 建築支店
34	志布志運動公園総合体育館	蒲地　廣知：AOI 美建 大島　幸　：オリエンタルコンクリート 福岡支店 井上　優　：オリエンタルコンクリート 福岡支店
35	福島県あずま総合運動公園野球場	服部　芳信：環境設計研究室 中田　由洋：フドウ建研 技術課長 佐藤　卓夫：フドウ建研 技術課 町井　章　：フドウ建研 技術課 菊地　輝男：フドウ建研 工事課
36	新長崎魚港卸売市場	三根　啓一：宮本建築設計事務所 取締役構造設計部長 内野　雅勝：フドウ建研 九州支店技術課長 樋口　裕二：フドウ建研 九州支店技術課
37	大阪市長居公園球技場	大阪市都市整備局営繕部：文責 生駒　芳明 中山　久司：東畑建築事務所 構造部技師 土居　健二：フドウ建研 大阪支店技術課長 辻　　昌夫：フドウ建研 大阪支店技術課員
38	松山市総合コミュニティーセンター プラザ屋根	世良　耕作：日本設計事務所 取締役設計本部副本部長構造設計部長 藤井　忠義：清水建設技術研究所 主任研究員

39	東京都中央卸売市場大田市場立体駐車場	井口　保夫：日建設計第2事務所 監理部 福田　陽一：日建設計第2事務所 構造部 角田　義雄：日建設計第2事務所 構造部
40	谷津パークタウン参番街立体駐車場	野田　和利：住宅・都市整備公団 建築部土木課係長 小野　順司：フドウ建研 設計部構造課
41	和泉市立コミュニティーセンター体育館	笠原　武志：梓設計 大阪支社設計部次長 山田　裕治：梓設計 大阪支社設計部構造担当 土居　健二：フドウ建研 大阪支店設計部構造課長 加治喜久夫：フドウ建研 大阪支店設計部構造課
42	多磨霊園納骨堂	田辺　恵三：黒沢建設 取締役設計部長 柏崎　司　：黒沢建設 設計課長
43	東京貨物ターミナル駅複合施設	後藤　寿之：日本貨物鉄道 常務取締役 保坂　時雄：日本貨物鉄道 開発部建築課長 町田　重美：東京建築研究所 取締役副社長 木下　憲明：東京建築研究所 構造課長
44	千葉センシティパークプラザ駐車場	「特集 PC 建築の美」建築技術 No.586, 1998 細澤　治　：大成建設 設計本部
45	ワールド流通センター	早野　裕次郎：山下設計 構造オフィス
46	サカタのタネ本社ビル	長尾　直治：日本設計 構造設計群部長 世良　耕作：日本設計 構造設計群参与 加藤　辰彦：戸田建設 技術企画室課長 矢野　謙　：戸田建設 横浜支店建築部工事長 佐藤　卓夫：フドウ建研 技術本部技術統括部長
47	マリンメッセ福岡	許斐　信三：日本設計 構造設計群主管 前原　智　：日本設計 構造設計群主任技師
48	冬季長野オリンピック開閉会式会場	斉藤　裕一：類設計室 清水　茂男：前田建設工業 根本　克之：フドウ建研 末木　達也：フドウ建研
49	都営住宅北青山1丁目計画（A棟）	「特集 PCa 化さらにひろがる…」施工, April, 1996 大杉　文哉：久米設計 佐藤　善明：都営住宅北青作業所 田辺　恵三：黒沢建設
50	大阪市中央体育館メインアリーナ	阿波野昌幸：日建設計 大阪本社構造部構造設計主管 田渕　博昭：大阪中央体育館J.V.工務長 濱田　一豊：大阪中央体育館J.V.工務主任 戸潤　隆　：ピー・エス 大阪支店建築部次長 古林　桂太：ピー・エス 大阪支店建築部
51	こまつドーム	早野　裕次郎：山下設計 構造オフィス
52	横浜国際総合競技場	坂井　吉彦：松田平田 構造設計部担当部長 小林　直紀：東畑建築設計事務所 構造部長 田辺　恵三：PC 圧着建築協会技師長 桑折　能彦：PC 圧着建築協会技師
53	埼玉県立大学	金田　勝徳：構造計画プラス・ワン 代表取締役 深澤　正彦：織本匠構造設計研究所 課長 下野繁太郎：フドウ建研東京本店 構造設計部 廣瀬　恵　：フドウ建研東京本店 構造設計部
54	東京スタジアム	山下　淳一：日本設計 構造設計群

※ 所属は記事掲載当時

歴史的にみたプレストレストコンクリート建築と技術	定価はカバーに表示してあります
2002年11月25日　1版1刷発行	ISBN 4-7655-2465-5 C3052

　編　者　社団法人プレストレストコンクリート技術協会

　発行者　長　　　祥　　　隆

　発行所　技 報 堂 出 版 株 式 会 社

〒102-0075　東京都千代田区三番町8-7
（第25興和ビル）

日本書籍出版協会会員
自然科学書協会会員
工 学 書 協 会 会 員
土木・建築書協会会員
Printed in Japan

電　話　営業　(03)(5215)3165
　　　　編集　(03)(5215)3161
FAX　　　　　(03)(5215)3233
振　替　口　座　00140-4-10
http://www.gihodoshuppan.co.jp

Ⓒ Japan Prestressed Concrete Engineering Association, 2002

落丁・乱丁はお取替えいたします．　　装幀 技報堂デザイン室　印刷・製本 技報堂

本書の無断複写は、著作権法上での例外を除き、禁じられています．

● 小社刊行図書のご案内 ●

書名	編著者	判・頁
建築用語辞典（第二版）	編集委員会編	A5・1258頁
建築設備用語辞典	石福昭監修／中井多喜雄著	A5・908頁
コンクリート便覧（第二版）	日本コンクリート工学協会編	B5・970頁
鋼構造技術総覧［建築編］	日本鋼構造協会編	B5・720頁
建築材料ハンドブック	岸谷孝一編	A5・630頁
PC建築－計画から監理まで	日本建築構造技術者協会編	B5・240頁
建築主・デザイナーに役立つ**魅力あるコンクリート建物のデザイン**－プレストレスとプレキャストの利用	鈴木計夫監修	B5・106頁
建築構造における**性能指向型設計法のコンセプト**	建設省大臣官房技術調査室監修	B5・150頁
鉄筋コンクリート造建築物の**性能評価ガイドライン**	建設省大臣官房技術調査室監修	B5・312頁
エネルギーの釣合に基づく**建築物の耐震設計**	秋山宏著	A5・230頁
構造物の免震・防振・制振	武田寿一編	A5・246頁
20世紀の災害と建築防災の技術	日本建築防災協会編	B5・554頁
空間デザインと構造フォルム	H.Engel著／日本建築構造技術者協会訳	B5・294頁
知的システムによる**建築・都市の創造**	日本建築学会編	A5・222頁
住まいのノーマライゼーション I **海外にみるこれからの福祉住宅**	菊地弘明著	B5・178頁
住まいのノーマライゼーション II **バリアフリー住宅の実際と問題点**	菊地弘明著	B5・184頁
ヒルサイドレジデンス構想－感性と自然環境を融合する快適居住の時・空間	日本建築学会編	A5・328頁

● はなしシリーズ

書名	編著者	判・頁
コンクリートのはなし I・II	藤原忠司ほか編著	B6・各230頁
数値解析のはなし－これだけは知っておきたい	脇田英治著	B6・200頁

技報堂出版　TEL 編集 03(5215)3161　営業 03(5215)3165　FAX 03(5215)3233